PREMIER
EXAMEN
SUR LE
DROIT ROMAIN.

————

ATHÉNÉE

DE

JURISPRUDENCE,

Rue de Seine S.-G., n° 32.

Préparation aux *Examens*, aux *Thèses*, et *Conférences* par des Avocats.

Cours de *Droit public*.

Cours pratique de *Notariat*.

Cours de *Procédure pratique*.

Cours d'*Improvisation oratoire*.

Cours de *Déclamation oratoire*.

S'adresser à l'Athénée, à M. LEBRUN, *rue de Seine*, n°. 32.

PREMIER
EXAMEN

SUR LE

DROIT ROMAIN,

SUIVANT LES INSTITUTES DE JUSTINIEN,

PRÉCÉDÉ

DU GUIDE DE L'ÉTUDIANT EN DROIT,

ET DES RÈGLES DE DROIT.

Ouvrage destiné aux ÉTUDIANTS, *et aux personnes qui veulent connaître les élémens de la Jurisprudence romaine.*

PAR A. L DUCHER,

AVOCAT A LA COUR ROYALE.

Servatur ubique Jus Romanum, non ratione imperii, sed imperio rationis.

Paris,

LEBRUN, A L'ATHÉNÉE DE JURISPRUDENCE,
RUE DE SEINE S.-G., Nº 32.
ALEX. – GOBELET, PRÈS L'ÉCOLE DE DROIT.
CAILLOT, RUE DE SORBONNE, Nº 5.

1832.

Tout Exemplaire qui ne sera pas signé ,
sera réputé contrefait.

LOTTIN DE S.-GERMAIN , Imprimeur,
rue de Nazareth , n. 1. (1832).

PRÉFACE.

L'Étude du Droit est pénible pour les jeunes gens qui débutent dans cette carrière. S'ils veulent y faire des progrès, ils doivent procéder avec ordre, et commencer par des notions élémentaires que l'esprit saisisse aisément, et dont la mémoire se charge sans confusion. Aussi, la meilleure méthode, pour apprendre les Lois romaines, est, selon JUSTINIEN lui-même, de suivre d'abord une marche simple, et de se livrer plus tard à une interprétation plus approfondie.

Il est à regretter que les Jurisconsultes, chargés par cet Empereur de composer les Institutes, n'aient pas mis assez de clarté dans leur rédaction.

Désireux d'en applanir les difficultés aux Étudians, nous avons fait, en suivant l'ordre du texte, l'ouvrage, que nous leur offrons aujourd'hui. Sous le titre de *Premier Examen sur le Droit Romain*, il contient toutes les matières, sur lesquelles ils seront examinés, la première année, c'est-à-dire, tout le premier livre des Institutes, et le second, jusqu'au Titre X, *De Testamentis Ordinandis*. Il est rédigé par demandes et par réponses, afin que les Élèves puissent s'interroger eux-mêmes, avant de se présenter devant leurs juges.

Nous aimons à reconnaître qu'une partie de ce que cet opuscule peut renfermer de bon, a été puisé dans les savantes leçons de M. Du Caurroy, et dans ses *Institutes* expliquées. Que cet excellent professeur daigne agréer nos remercimens.

Cet *Examen* est précédé 1º. *Du Guide de l'Etudiant en Droit*, 2º. des principales *Règles de Droit* qui sont, en quelque sorte, un résumé des Lois romaines, dont l'usage est fréquent au Barreau.

Puissions-nous contribuer au progrès des *Elèves*; ce serait la plus douce récompense de notre travail.

GUIDE

DE

L'ÉTUDIANT EN DROIT,

CONTENANT

LE PROGRAMME DES COURS,

POUR L'ANNÉE 1831—32,

L'ANALYSE DES LOIS ET RÈGLEMENS RELATIFS AUX
ÉCOLES DE DROIT, AUX CONCOURS, AU STAGE
DES AVOCATS, A CELUI DES NOTAIRES, ET UNE
BIBLIOTHÉQUE CHOISIE DE LIVRES DE DROIT.

PAR A. L. DUCHER,

AVOCAT A LA COUR ROYALE.

PARIS,

LEBRUN, Éditeur, rue de Seine S.-G., n°. 32.
A l'Athénée de Jurisprudence.
CAILLOT, libraire, rue de Sorbonne, n°. 5.

————

1832.

LOTTIN DE S.-GERMAIN, Imprimeur,
rue de Nazareth, n°. 14

PROGRAMME

Des Cours de la Faculté de Droit de Paris.
Pour l'Année 1831 — 1832.

PREMIÈRE ANNÉE.

MM. *Institutes de Justinien.*

BLONDEAU, ancienne salle, les mardi, jeudi, samedi, à huit heures trois quart.

DUCAURROY, nouvelle salle, mêmes jours et heures.

Code Civil (1re. partie).

DE PORTETS, nouvelle salle, les lundi, mercredi, vendredi, à midi et demie.

BUGNET, ancienne salle, mêmes jours et heures.

DEUXIÈME ANNÉE.

Code Civil (2me. partie).

MORAND, ancienne salle, les lundi, mercredi, vendredi, à dix heures et demie.

DURANTON, nouvelle salle, mêmes jours et heures.

Procédure.

BERRIAT ST-PRIX, nouvelle salle, mardi, jeudi, samedi, à dix heures et demie.

DÉMIAU, ancienne salle, mêmes jours et heures.

TROISIÈME ANNÉE.

Code Civil (3me. partie).

OUDOT, suppléant, ancienne salle, les lundi, mercredi, vendredi, à huit heures trois quarts.

DEMANTE, nouvelle salle, mêmes jours et heures.

Code de Commerce.

MOIROUD, suppléant, ancienne salle, les lundi, mercredi, vendredi, à deux heures.

Pandectes.

PELLAT, anc. salle, les mardi, jeudi, samedi, à midi.

Droit Administratif.

DE GÉRANDO, ancienne salle des Thèses, les lundi, mercredi, vendredi, à dix heures et demie.

QUATRIÈME ANNÉE.

Histoire du Droit.

PONCELET, ancienne salle des Thèses, les mardi, jeudi, samedi, à dix heures.

Droit des Gens.

ROYER-COLLARD, ancienne salle des Thèses, les mardi, jeudi, samedi, à onze heures un quart.

Professeurs.

MM.

BLONDEAU, doyen, à l'École de Droit.
MORAND, id.
BERRIAT SAINT-PRIX, id.
DE PORTETS, id.
DURANTON, id.
DÉMIAU, id.
DEMANTE, rue d'Enfer, 11.
DUCAURROY, rue d'Enfer, 7.
BUGNET, rue de l'Abbaye Saint-Germain, 14.
PELLAT, rue Saint-Thomas d'Enfer, 7.
DE GÉRANDO, impasse Férou, 7.
ROYER-COLLARD, rue de l'Observance, 8.
PONCELET, quai Voltaire, 3.

Suppléans.

CAILLAU, rue Hautefeuille, 13.
SIMON, rue des Maçons Sorbonne, 15.
BAVOUX, rue Vivienne, 8.
DUFRAYER, rue Saint-Jacques, 42.
DELZERS, rue Neuve des Petits-Champs, 73.
MOIROUD, rue des Grands-Augustins, 5.
OUDOT, rue de Condé, 12.
BRAVARD, rue Pavée Saint-André, 17.
MACAREL, rue de Belle-Chasse, 15.

REBOUL fils, Secrétaire, à l'École de Droit.
RÉGLET, adjoint, id.
BOCAGE, employé au Secrétariat, id.

COURS

DU COLLÈGE DE FRANCE, ETC.

Collége de France, place Cambray.

PORTETS, lund., merc., vend., 8 h. du mat.

Littérature Française.
ANDRIEUX, le vendredi, 2 h.

Histoire des Législations comparées.
LHERMINIER, lundi, jeudi, 1 h.

Faculté des Sciences, à la Sorbonne.

Physique.
DULONG, mardi, samedi, 2 h.

Chimie.
THÉNARD, mardi, vendredi, 1 h.

Les Cours de la Faculté des Lettres ne sont pas encore affichés.

Cours de Médecine légale.

Ce Cours n'a lieu que dans l'été.
ADELON, professeur.

ATHÉNÉE
DE JURISPRUDENCE,

Rue de Seine S.-Germain , 32.

PRÉPARATION AUX EXAMENS AUX THÈSES,
et CONFÉRENCES DE DROIT, par un Avocat.

Les Cours de l'Athénée, ouvriront le 1er. déc. 1831.

IMPROVISATION ORATOIRE, par Mᵉ. Laroche.

DÉCLAMATION , par Mᵉ. Lockroi.

DROIT PUBLIC , par un Avocat.

PROCÉDURE PRATIQUE , par un maître Clerc
d'Avoué.

NOTARIAT , par un maître Clerc de Notaire.

DROIT CIVIL , par un Avocat.

Prix de chaque Cours , 10 fr. par mois.

Ce Prospectus se distribue gratis :

A L'ATHÉNÉE, rue de Seine S.-Germain , nᵒ. 32.
CAILLOT , rue de Sorbonne , nᵒ. 5.
BLOSSE , passage du Commerce , nᵒ. 7.
VERET , rue des Francs-Bourgeois S.-Michel.
FROMONT-PERNET , loue des livres , rue des Grès.
Et aux autres Cabinets de Lecture.

ANALYSE

DES
LOIS ET REGLEMENS

SUR LES
ÉCOLES DE DROIT.

CHAPITRE PREMIER.

Des fonctions pour lesquelles on exige des Grades en Droit.

L'ÉTUDE du Droit, utile à tous, est nécessaire à ceux qui se destinent à certains emplois publics.

Le grade de *docteur* en droit est indispensable aux aspirans à une chaire de *professeur* de droit ou de suppléant.

Le grade de *licencié* est exigé pour les fonctions de *membre des Cours Tribunaux de France*, pour la Profession d'*Avocat*, et même pour les charges d'*Avoués*, mais à Paris seulement, car en province, il suffit d'avoir obtenu le *grade de Capacité*.

Quant aux fonctions *de Notaire* ou de *Juge de Paix*, des études en droit ne sont point

encore de rigueur , mais elles le seront pro-
bablement un jour.

Il y a en France *neuf facultés* de Droit :
*Aix , Caen , Dijon , Grenoble , Paris , Poitiers ,
Rennes , Strasbourg , Toulouse.*

La Faculté seule de Paris est divisée en
deux Sections sous le même Doyen.

Dans toutes on enseigne :

1°. Le Droit romain , en un an ;

2°. La Procédure civile et criminelle , id.

3°. Le Droit civil français , en trois ans ;

Dans quelques Facultés on professe le
Droit commercial.

Il y a en outre à Paris des Cours

D'Histoire du droit ,

De Droit administratif ,

De Droit des gens ,

Et de Digeste ou Pandectes de Justinien.

CHAPITRE II.

*Conditions pour être admis aux Ecoles de Droit.
— Être Bachelier ès-Lettres. — Année scolaire. — Leçons. — Police universitaire à
l'École et hors l'École.*

Pour être admis comme élève , dans une
École de droit , il faut produire :

1°. Un *extrait de naissance*, qui prouve que l'on est âgé de seize ans au moins ;

2°. L'*autorisation* légalisée de son père, si on est mineur ; à son défaut, celle de sa mère ou de son tuteur.

3°. Le *Diplôme de bachelier ès-lettres* (1):

Cette condition n'est pas exigée de ceux qui n'aspirent qu'au *certificat de Capacité*.

4°. Enfin, on doit avoir un répondant, établi dans la ville où l'on se propose d'étudier,

---

(1) Avant de pouvoir subir l'examen de Bachelier ès-lettres, il faut être âgé de seize ans, et avoir le consentement de son père ou de son tuteur ; constater que l'on a suivi pendant *un an*, *un Cours de Philosophie*, dans un Collège ou un Etablissement *autorisé*, ou bien dans la maison de ses père, frère, ou oncle.

Les droits de cet examen et du diplôme sont de 62 fr. que l'on doit consigner d'avance. Si le Candidat est réfusé, il versera de plus 24 fr. pour être réexaminé.

Les examens ont lieu du 1.er au 15 août, du 15 octobre au 15 novembre, et même dans le courant de l'année, avec une autorisation du grand maître.

On tire au sort les auteurs et questions sur lesquels on aura à répondre.

Les interrogations roulent sur les auteurs grecs, latins, la réthorique, l'histoire, la géographie, la philosophie, les mathématiques élémentaires et la physique.

I.

lequel répondant doit venir signer au registre de la Faculté, mais seulement la première fois que l'élève prend une inscription.

Les inscriptions se prennent dans la première quinzaine de chaque trimestre de novembre, janvier, avril et juillet.

A Paris, les premiers inscrits choisissent leurs professeurs. Le secrétaire de la Faculté délivre à chaque élève autant de cartes, de formes et de couleurs différentes, qu'il doit suivre de Cours.

L'étudiant signe ces cartes, et les fait signer à ses professeurs respectifs.

Les Cours commencent vers le cinq novembre, et se terminent à la fin de juillet, époque à laquelle ont principalement lieu les examens.

Les *vacances* ouvrent à la fin d'août, et durent deux mois; en outre, il y a suspension des Cours durant les trois derniers jours du carnaval, du mercredi avant Pâques au mercredi suivant, et la semaine après la Pentecôte.

Si un étudiant omet de prendre une ou plusieurs inscriptions, il ne peut les recouvrer qu'avec la permission de la Faculté.

Une cause, qui justifie le défaut de renouvellement d'inscription, est l'appel de l'étudiant
au lieu de son domicile, pour satisfaire à la
loi du recrutement.

Pour qu'un étudiant puisse continuer,
dans une Faculté, son Cours commencé dans
une autre, il doit rapporter, outre les certificats d'inscriptions et d'assiduité, un certificat
de bonne conduite, délivré par le Doyen de
la Faculté d'où il sort, et approuvé par le
Recteur de l'Académie du ressort de cette
Faculté. En cas de refus, l'étudiant se pour-
voit devant le Conseil académique.

Ceux qui ont étudié à l'étranger, ne sont
admis à prendre des inscriptions en continuation du tems d'étude exigé en France,
qu'autant qu'ils en ont obtenu l'autorisation
du Conseil royal de l'université.

Le tems d'étude se compte en réunissant
les diverses inscriptions, que l'élève a prises
soit consécutivement, soit à intervalles, et
dans la même Faculté, ou dans des Facultés
différentes. Mais le certificat d'inscription,
pour chaque trimestre, ne vaut qu'autant
qu'il est accompagné du certificat d'assiduité
pour le même trimestre.

Chaque professeur fait au moins trois leçons par semaine , et chaque leçon dure au moins une heure.

L'étudiant doit montrer au surveillant , qui se trouve à la porte de la salle, la carte qui lui a été délivrée pour le Cours , auquel il veut assister , et qui est signée par le professeur titulaire de ce Cours.

L'étudiant , qui prête sa carte , s'expose à perdre une ou plusieurs inscriptions.

Celui qui l'a oubliée , peut entrer dans le Cours avec la permission du professeur.

Celui qui l'a perdue , en obtiendra une autre , en s'adressant d'abord à son professeur , qui lui accordera un bon pour une carte nouvelle. Ce bon étant visé par le Doyen , sera présenté au secrétariat , où on lui en délivrera une autre.

Chaque professeur a la police de son Cours, y maintient l'ordre , et dénonce les perturbateurs au Doyen , qui prend les mesures convenables pour la tranquillité.

Si un grand désordre avait lieu , et que les coupables ne fussent pas désignés , tous les élèves pourraient être privés d'une inscription;

Quant à l'appel, il est supprimé, grâces à la révolution de juillet ; c'est presque le seul bienfait qu'elle ait procuré aux élèves.

Tout manque de respect, tout acte d'insubordination, de la part d'un étudiant envers son professeur ou le Doyen, sera puni de la perte d'une ou de plusieurs inscriptions.

D'après une Ordonnance, contresignée par l'ex-évêque d'Hermopolis, et ressussitée par le ministre Barthe, il est défendu aux étudians d'une Faculté ou de diverses Facultés, de former, entr'eux, aucune association, d'agir ou d'écrire en nom collectif, sous peine d'être condamnés, par le Conseil académique, à l'exclusion à tems, ou pour toujours, de la Faculté, ou même de toutes les Facultés du royaume. La décision de ce Conseil sera sujette à appel devant le Conseil royal.

Le Recteur de l'académie, d'où dépend l'École de droit, et à Paris, le Doyen, peuvent refuser leur approbation aux certificats d'aptitude, délivrés à des élèves de mœurs vicieuses, ou d'une conduite turbulente.

De plus, pourra être exclu de la Faculté,

ou même de toutes les Facultés, tout étudiant qui, par ses discours ou écrits, aurait outragé la religion, les mœurs ou le gouvernement, ou aurait pris part à des désordres.

L'élève exclu ne peut être admis dans aucune autre Faculté, sans une autorisation du Conseil royal.

CHAPITRE III.

Des Examens et des Thèses en général. — Consignations. — Scrutin. — Examen de capacité.

Avant de subir un examen, ou la thèse, on doit consigner au secrétariat les frais de l'épreuve. Les jours de consignation sont les lundi, vendredi et samedi de chaque semaine. L'élève doit revenir huit jours après au secrétariat, pour apprendre quel jour il doit passer son examen. Si c'était une thèse, il se présenterait le jeudi, après la consignation, à l'assemblée des professeurs, et le Doyen, après avoir tiré au sort la matière de sa thèse, lui indiquerait le jour fixé pour cette épreuve.

Ordinairement, on réunit les élèves pour le même examen, qui dure alors deux heures.

Il ne dure qu'une heure et demie quand ils ne sont que deux ou trois. Pour un seul, il dure une heure.

Les étudians ne doivent, ni par eux, ni par d'autres, réclamer l'indulgence des professeurs.

Si un élève, qui a un motif légitime d'excuse, ne se présente pas au jour à lui fixé, il n'encourt pas la perte de sa consignation, mais il doit se représenter pour obtenir un autre jour. Néanmoins, il faut qu'il fasse valoir son excuse auprès du Doyen.

Si, au moment de l'épreuve, le candidat est indisposé, il demande à ses examinateurs la permission de se retirer. Sans cette permission, la consignation est perdue.

Le tems fixé pour la durée de l'épreuve étant écoulé, les candidats et autres élèves sortent de la salle, et les examinateurs passent au scrutin, au moyen de boules de diverses couleurs.

La boule blanche signifie que l'élève a paru très-instruit; la boule rouge, qu'on a été médiocrement satisfait, et la noire, qu'on ne peut l'admettre.

Le secrétaire annoncera aux élèves le résultat du scrutin.

Pour obtenir le *certificat de capacité*, le postulant doit avoir une année d'étude, constatée par quatre inscriptions (1). Si la quatrième inscription est du mois de juillet, l'élève peut être admis à l'examen avant l'expiration.

L'examen est fait par trois professeurs, ou suppléans. Si le dépouillement offre deux boules noires, le candidat est ajourné, et il ne peut se représenter pour subir la même épreuve, qu'après un délai d'un mois, à moins qu'il n'obtienne une permission contraire.

Si le bulletin renferme une seule boule noire, avec deux rouges ou blanches, le candidat devra se présenter chez le Doyen, qui l'interrogera de nouveau, et qui pourra l'admettre lorsqu'il aura répondu convenablement. S'il est refusé par le Doyen, il subira un autre examen devant la Faculté, après avoir fait une nouvelle consignation.

----

(1) C'est-à-dire qu'il doit avoir suivi le cours de Code Civil (1.re partie), et celui de Procédure.

Celui, qui a été ajourné trois fois, ne peut plus faire valoir les inscriptions qu'il avait prises jusqu'alors , et doit recommencer tout son Cours d'étude.

CHAPITRE IV.

Des deux premiers examens de Droit pour le Baccalauréat. — Matières. — Examinateurs. — Ajournement. — Rejet.

Après la quatrième inscription , à partir du 1er. juillet , les aspirans au Baccalauréat , peuvent présenter au Conseil royal de l'Université , une demande , afin d'être autorisés à subir leur premier examen , avant d'avoir accompli leur quatrième trimestre.

Ceux qui n'ont point obtenu cette autorisation , ne peuvent être examinés qu'à partir du premier août.

Mais dans tous les cas , la consignation doit avoir été faite au préalable.

Les élèves, qui n'ont pas commencé à l'ouverture de l'année scolaire , et ceux qui ont perdu , ou négligé de prendre quelques inscriptions , de manière que leur quatrième inscription est prise à une autre époque qu'au trimestre de juillet , n'obtiennent pas la faveur de passer , avant l'expiration du quatrième trimestre d'étude.

A Paris , le premier examen doit être subi avant la fin du sixième trimestre ; dans les autres Facultés , avant la fin du cinquième.

L'élève, en retard, ne peut prendre sa septième inscription à Paris , ou sa sixième dans les Départemens , et même après l'examen passé , il ne peut prendre de nouvelles inscriptions, qu'après avoir obtenu l'autorisation de la Faculté.

Le premier examen est fait par trois professeurs ou suppléans.

Il faut deux boules noires pour que le candidat soit ajourné.

Les matières sur lesquelles le candidat doit être interrogé , sont :

1°. Le premier et le second livre du Code civil , c'est-à-dire , de l'art. 1 à l'art. 711.

2°. Les Instituts de Justinien , depuis le commencement jusqu'au titre X du deuxième livre *de Testamentis ordinandis.*

Pour se bien préparer à l'examen sur les Instituts , les élèves pourront se servir du

Premier Examen sur le *Droit Romain* suivant les Instituts de Justinien, par **M.** Ducher, avocat à la Cour royale. Ce livre se vend chez Lebrun, rue de Seine, n°. 32, et chez Caillot, rue de Sorbonne, n°. 5. — Prix 2 fr. 75 cent.

Pour la durée de l'épreuve, voyez ce que nous avons dit au Chap. III qui précède.

L'élève, ajourné dans la Faculté de Paris, doit renouveler sa consignation ; dans celles de Province, il peut se représenter sans consigner de nouveau. C'est une véritable concussion, exercée par les professeurs de Paris. Une pétition sera adressée au Grand-maître de l'Université, et aux Chambres pour l'extirpation d'un abus si révoltant.

L'étudiant, ajourné trois fois, ne peut plus se présenter avant d'avoir, à partir de son ajournement, pris le même nombre d'inscriptions, que pour le premier examen, auquel il a été admis, et suivi de nouveau les Cours de première année.

Pendant leur seconde année de Droit, les étudians continuent à suivre le Cours de Droit civil français, sous le professeur qu'ils ont choisi au commencement de la première année ; ils sont tenus, en outre, d'assister au Cours de Procédure civile et de Droit criminel.

Ceux qui arrivent d'une autre Faculté, où ils ont pris, au moins quatre, et au plus sept inscriptions valables, choisissent, en s'inscrivant à Paris, pour la première fois, entre les deux professeurs de Droit civil, qui sont parvenus à la deuxième année de leur Cours, et ce choix vaut pour toutes les inscriptions, qui restent à prendre, jusqu'à la douzième inclusivement.

Dès sa huitième inscription prise, l'élève, qui a obtenu les certificats d'assiduité, pour toutes les inscriptions précédentes, peut, avec l'autorisation du Conseil royal de l'Université, être admis à subir son deuxième examen de Baccalauréat, avant l'expiration du huitième trimestre, si toutefois ce trimestre est pour lui le dernier de l'année scolaire. A défaut de cette autorisation, les seconds examens de Baccalauréat ne peuvent en général être passés qu'après la clôture des Cours, c'est-à-dire, à partir des premiers jours du mois d'août.

A moins d'excuse, jugée valable par le Conseil royal , les étudians ne peuvent prendre leur onzième inscription à Paris , ou leur dixième dans les autres Facultés , qu'après avoir subi avec succès leur second examen de Baccalauréat.

Si le Cours de leurs inscriptions se trouve interrompu, par suite de la disposition précédente , ils doivent , comme dans le cas, où cette interruption aurait eu toute autre cause, obtenir une autorisation de la Faculté , pour s'inscrire de nouveau , lorsque l'obstacle a cessé.

Le deuxième examen de Baccalauréat est, de même que le premier , fait par trois professeurs , ou suppléans.

Les matières de cet examen sont : le *Code de Procédure* , et le *troisième Livre du Code civil* , jusqu'au Titre V *du Contrat de mariage* exclusivement , c'est-à-dire , depuis l'*art.* 712 jusqu'à l'*art.* 1387.

Si le scrutin présente deux boules noires , l'élève est ajourné, et ne peut se représenter à la supplique , à l'effet de subir de nouveau le même examen , qu'un mois après son ajournement.

Si le scrutin présente une seule boule noire, il n'y aura lieu à la délivrance du Diplôme, qu'en vertu d'une autorisation du Doyen, qui n'accorde cette autorisation qu'après avoir fait subir à l'élève un examen particulier, pour lequel il n'est dû aucun droit.

Si le Doyen diffère son autorisation au-delà de l'époque où l'élève parvient à la onzième inscription à Paris, ou à la dixième dans les Départemens, il en résulte quelquefois interruption dans le Cours d'études : car l'exhibition du diplôme de Bachelier peut être exigée de l'étudiant, pour qu'il puisse continuer à s'inscrire.

Les formes à suivre, dans le cas de l'ajournement, pour être admis à subir de nouveau le deuxième examen, sont les mêmes qui ont été expliquées au chapitre précédent.

L'étudiant, qui a été ajouné trois fois à son second examen, doit recommencer ses deux années d'études.

Depuis un an, il a été décidé que, contrairement à ce qui avait eu lieu jusqu'alors, les élèves, qui auraient commencé par obtenir un *certificat de capacité*, ne pourraient se prévaloir de ce certificat, et aspirer au Baccalauréat, qu'en recommençant tout–à–fait leur Cours de droit.

CHAPITRE V.

Cours de la troisième année. — Deux examens pour la Licence. — Matières. — Thèses. — Tirage des matières. — Rédaction des positions. — Impression de la Thèse. — Cinq suffragans. — Diplôme.

Aussitôt après avoir pris leur neuvième inscription , les élèves de troisième année sont tenus de suivre deux Cours , dont l'un a pour objet la continuation du Code civil, depuis l'art. 1387 jusqu'à la fin , et l'autre , l'enseignement du Droit commercial, ou des Pandectes, au choix de l'élève. Pour le premier Cours, on ne peut changer de professeur. Après la dixième inscription, c'est–à–dire, au mois de janvier, pour ceux qui ont commencé en novembre , et qui n'ont éprouvé aucune interruption , les aspirans à la licence peuvent demander jour pour en subir le premier examen , qui est fait par quatre professeurs ou suppléans.

Le candidat doit répondre sur *la totalité des Institutes de Justinien.*

Si le scrutin offre deux boules noires, l'élève est ajourné; dans le cas contraire, il est admis.

Celui qui a été ajourné, au premier examen de Licence, ne peut se représenter pour le soutenir de nouveau, avant un mois, à moins que la faculté ne consente à abréger ce délai.

Après trois ajournemens, l'élève est tenu de recommencer sa troisième année, comme s'il n'était parvenu qu'à la neuvième inscription.

Il n'est fixé aucun délai fatal, pour subir cet examen.

Cette épreuve ayant été soutenue, avec succès, l'élève peut, après avoir pris sa douxième inscription, demander jour pour passer le second examen.

Les matières sont :

1°. *Le troisième livre du Code civil*, à partir du *titre* du *Contrat de mariage* inclusivement, depuis l'art. 1387 jusqu'à la fin.

2°. Les élémens du Droit administratif.

3°. Les matières enseignées au Cours des

Pandectes, si l'élève a opté pour ce Cours ; ou bien les titres ci-après du *Code de Commerce*, s'il a suivi le Cours de *Droit commercial*.

Ier. Livre : tout, excepté le titre V.

IIme. Livre : tout, excepté le titre II.

IIIme. Livre, titre Ier., chapitre 1er. de l'*Ouverture* de *la faillite ;* chapitre IX , *des différentes espèces de créanciers et de leurs droits , en cas de faillite.*

Titre II. *De la cession de biens.*

Titre III. *De la revendication.*

IVme. Livre , Titre II. *De la compétence des Tribunaux de commerce.*

Cet examen est fait, comme le précédent, par quatre professeurs ou suppléans ; et le même nombre de suffrages favorables est nécessaire pour l'admission.

Les élèves, arrivant d'une autre école, où il n'existe point de Cours de *Pandectes* , ni de Cours de *Droit commercial* , sont interrogés sur *le Code civil*, et sur les *Institutes de Justinien.*

L'élève, qui a été heureux dans ces deux examens, couronne son travail par une dernière épreuve, qui est l'*acte public* ou la *thèse;*

son objet est de faire approfondir, à l'élève, une matière spéciale de Droit, de résoudre les questions difficiles, auxquelles l'application des lois peut donner naissance, et de défendre l'opinion, qu'il croit devoir embrasser, sur des points sujets à controverse.

Pour arriver à ce but, un *titre* ou une partie d'un titre du *Code civil*, un titre du corps du *Droit romain* et quelques articles du *Code de procédure*, sont désignés à l'élève, pour qu'il en fasse une étude approfondie.

L'élève peut se présenter pour sa thèse, subir aussitôt qu'il a soutenu son deuxième examen, et même on le lui permet quelquefois, après le premier examen, savoir : lorsque l'élève, ayant fini son tems d'étude, et pouvant subir son deuxième examen, immédiatement après la rentrée, on veut lui donner l'avantage de préparer sa thèse pendant les vacances.

Quoiqu'en général, elle ne puisse être soutenue, que lorsque le tems des études est complet, cependant les élèves, qui prennent la dernière inscription en juillet, peuvent immédiatement demander de la soutenir,

Le Doyen désigne, parmi les professeurs, un président, devant qui la thèse devra être soutenue. L'élève lui-même peut faire ce choix, si le professeur, qu'il choisit veut bien y consentir. Le secrétaire remet à l'élève un bulletin, qui indique les matières que le sort lui a attribuées, et le nom de son président.

Sur ces matières, le candidat rédige en latin des *positions* sur le Droit romain, et en français des positions de Droit français; les unes et les autres doivent être précédées des principes de la matière à laquelle elles appartiennent.

Ce travail est présenté au président au plus tard le mercredi, avant l'expiration d'un délai de trois mois, qui court à partir du tirage des matières. Le président indique au candidat, le jour de la thèse. A la fin de l'année, on dresse au secrétariat, une liste générale des élèves, qui déclarent vouloir soutenir leur thèse, avant les vacances, et les élèves, non inscrits sur cette liste, courent risque de n'être admis à la passer, qu'après les vacances. Le président, par la signature, qu'il appose au projet de thèse, devient responsable des opinions, qui sont émises, sous le rapport de l'ordre public.

L'élève, pour faire imprimer sa thèse par un autre imprimeur, que celui de la Faculté, en demande la permission au Doyen. Elle doit l'être dans le format in–4ᵃ. Cinquante exemplaires sont remis au concierge de l'École, pour les professeurs et autres.

Les juges de l'épreuve sont au nombre de cinq, trois professeurs et deux suppléans.

Lecture faite des positions par l'élève, il est argumenté par son président, puis par chaque professeur, jusqu'à ce que l'heure de l'épreuve soit écoulée ; ensuite les juges se retirent dans la salle des délibérations, et leur décision est annoncée à l'élève par le secrétaire.

Si le scrutin a offert deux boules noires le candidat est ajourné ; s'il n'y a point de boules noires, le secrétaire est chargé de procurer le diplôme de licencié, sans nouveaux frais ; si le candidat n'a eu que des blanches, on lui annonce qu'il est reçu *avec éloges*, et l'on tient note de cette circonstance favorable. Lorsque le scrutin a présenté une boule noire, le candidat subit devant le Doyen un examen particulier. Si celui-ci l'agrée, le diplôme lui sera délivré ; sinon, il y aura lieu au renouvellement de l'épreuve. Dans ce cas, l'élève conserve les mêmes matières, à moins qu'on ne veuille lui en faire tirer de nouvelles. Mais cette thèse ne peut être subie, avant deux mois, à dater de l'ajournement, et par un abus grave, à Paris, la consignation doit être renouvelée. Celui qui n'est pas admis à cette deuxième épreuve, est obligé de recommencer sa troisième année d'études.

Pour éviter ce désagrément, il sera prudent, de la part de l'élève, de se faire préparer par un avocat.

CHAPITRE VI.

Du Doctorat. — Quels Cours on doit suivre. — Deux examens et une Thèse.

Les aspirans au Doctorat doivent suivre durant une quatrième année : 1°. le Cours de *Pandectes*, lorsqu'ils ont suivi le Cours de *Droit commercial* pendant la troisième an-

, ou bien celui-ci , lorsqu'ils ont suivi le Cours des *Pandectes.* 2°. Le Cours de *Droit des gens.* 3°. Celui d'*Histoire du Droit.*

En province , où ces chaires ne sont pas établies , on suit de nouveau le *Cours des Institutes* , avec deux Cours de Code civil.

Après la deuxième inscription , l'aspirant est admis à consigner , et à subir le premier examen , qui est fait par cinq professeurs suppléans , et a exclusivement pour objet le *Droit romain.* Trois suffrages favorables sont nécessaires pour l'admission. Cet examen passé , et la troisième inscription prise , on peut demander jour pour le deuxième, qui roule sur les matières enseignées :

1°. Sur l'*Histoire du Droit* ,

2°. Sur le *Droit des gens* ,

3°. Sur tout *le Code civil* et *tout l'ensemble du Droit.*

Ces deux examens sont soumis aux mêmes règles que les deux de Licence ; après les quatre inscriptions et les deux examens on soutient une thèse.

Les professeurs, qui sont suffragans à une thèse de Doctorat , revêtent la robe rouge , et le candidat la robe noire.

Au surplus , les règles sur le scrutin et sur les conséquences de l'admission ou du rejet , sont les mêmes pour la thèse du Doctorat , que pour la thèse de Licence.

CHAPITRE VII.

Des frais qu'entraîne nécessairement l'obtention des différens grades. — Augmentation de ces frais. — Remise totale ou partielle.

Voici les frais énormes, que le monopole de l'Université a fait établir à son profit , et à celui des professeurs , pour l'obtention de chacun des grades.

1°. *Pour le certificat de Capacité.*

Quatre Inscriptions à 15 fr......... 60 f.

Droit d'Examen............. 30 ⎞

Droit de *Certificat de capacité*.... 40 ⎠ 70

Total... 130

2°. *Diplôme de Bachelier.*

Huit Inscriptions à 15 fr.......... 120 f.

Droit du premier Examen......... 60

Droit du deuxième Examen........ 60

A reporter. 240 f.

Report. 240 f.

Droit du Diplôme de Bachelier,

    savoir : pour la Faculté..... 50 }   86

Pour le sceau de l'Université... 36)

Total... 326

3°. Diplôme de Licencié.

Il faut compter d'abord ce qui a été

    payé pour arriver au Baccalauréat. 326 f.

Quatre nouvelles Inscriptions formant

    la troisième année d'études...... 60

Premier Examen de Licence........ 90

Deuxième Examen de Licence..... 90

Droit de Thèse............. 120)

Droit de Diplôme de Licencié,

    savoir : pour la Faculté.... 80 }   248

Pour le Sceau............. 48)

Frais d'impression de la Thèse, une

    feuille au moins, de 8 pages in-4°.. 20

De plus, à chaque Examen, on

    donne 3 f. aux appariteurs, pour

    la robe. Pour quatre Examens. 12)

                          } 18

De plus pour la Thèse, 3 f. aux

    appariteurs, et 3 f. au Con-

    cierge................. 6)

Total... 852

4°. *Diplôme de Docteur.*

D'abord , ce qui a été payé pour le
    grade de Licencié , ci............ 852
Quatre nouvelles inscriptions....... 60
Premier Examen de Doctorat...... 90
Deuxième Examen de Doctorat.... 90
Droit de Thèse............ 120
Diplôme de Docteur , savoir ,
    pour la Faculté.......... 100
Pour le Sceau............. 48 } 324
Impression de la Thèse , deux
    feuilles au moins......... 40
Étrennes aux Appariteurs, etc. 16

Total... 1416

Les frais sont augmentés, dabord lorsqu'on
a commencé par s'inscrire pour le certificat
de capacité : ensuite lorsque l'élève a encouru
la perte de quelques inscriptions , ou a été
ajourné à un ou plusieurs de ses examens
ou à sa thèse. Ils le sont aussi par l'achat des
livres nécessaires aux études , et les honorai-
res de l'avocat , qui fait des répétitions de
Droit , et prépare aux diverses épreuves, etc.

Les frais quelconques se payent toujours d'avance.

Les fils de professeurs ou suppléans , et les élèves , qui ont obtenu les prix d'honneur , au concours général des Colléges de Paris , sont admis à faire leurs études en Droit , sans aucuns frais d'inscription , d'examen , de thèse , ou de diplôme.

Le Conseil royal de l'Université accorde quelquefois remise des frais universitaires , mais sans préjudice des droits de présence des professeurs ou suppléans.

CHAPITRE VIII.

Prestation de serment et Stage des Avocats.

Le diplôme de Licencié obtenu , celui qui désire entrer dans le Barreau, prête serment devant la Cour royale , dans le ressort de laquelle il se propose de faire son Stage. A cet effet, le candidat fait viser son diplôme par M. le Procureur-général , le remet ensuite au greffier de la Cour , qui lui indique l'audience où il pourra se présenter.

Ce jour-là , il vient en robe ; un ancien avocat prie la Cour de vouloir bien admettre le nouvel avocat au serment, qui est ainsi conçu :

» Je jure fidélité au Roi des Français,
» et obéissance à la Charte constitutionnelle
» de 1830 ; de ne rien dire ou publier,
» comme défenseur ou conseil, de contraire
» aux lois et réglemens, aux bonnes mœurs,
» à la sûreté ou à la paix publique ; et de
» ne jamais m'écarter du respect dû aux
» Tribunaux, et aux Autorités publiques ».

Le greffier fait mention, au dos de chaque diplôme, de l'arrêt, qui donne acte de la prestation de serment.

Le candidat dépose ensuite son Diplôme, entre les mains du secrétaire du Conseil de discipline de l'Ordre des Avocats, avec une requête, tendante à être admis au stage.

A la première assemblée du Conseil, il est nommé un rapporteur. Il est d'usage que chaque candidat vienne faire sa visite à son rapporteur, qui doit la lui rendre, pour s'assurer, qu'il est logé convenablement, et qu'il possède une bibliothèque, composée de bons livres de Droit

Le rapport est fait à l'assemblée suivante ;

et si le candidat est admis à faire partie des Avocats stagiaires , on lui assigne une colonne.

Il doit alors rendre visite au Bâtonnier des Avocats, qui fait mention, sur son Diplôme, de son entrée au Stage. Il se rend également, chez les deux chefs de sa colonne, pour faire viser, par eux, son Diplôme. Ces visites doivent se faire en habit noir.

Les obligations, imposées à l'Avocat stagiaire, sont : 1°. d'assister régulièrement aux audiences solennelles de la Cour royale ; 2°. de prendre part à la conférence , et aux consultations gratuites, qui se tiennent à la Chambre des Avocats : sa présence doit être constatée par sa signature sur le registre de la conférence ; 3°. d'assister également aux assemblées de sa colonne, et à toutes les instructions ou mercuriales , qui peuvent être adressées aux stagiaires , par le chef de la colonne.

Les Avocats stagiaires ne peuvent plaider, ou écrire dans aucune cause, qu'après avoir obtenu des deux membres du Conseil de discipline , appartenant à leur colonne, un certificat constatant leur assiduité aux audiences pendant deux années. Ce certificat doit être visé par le Conseil de discipline. Dans les tribunaux, où le nombre des Avocats, inscrits au tableau, est inférieur à celui de vingt, le certificat est délivré par le Président, et le Procureur du Roi. — Les Avocats stagiaires, qui ont atteint leur vingt-deuxième année, sont dispensés de cette obligation.

Il est nécessaire, pour être porté sur le tableau des Avocats, d'avoir rempli ces obligations, pendant trois années consécutives. A l'expiration de ce délai, le stagiaire présente requête au Conseil, pour être porté au tableau, et il y est statué à la prochaine assemblée.

Voyez au surplus l'Ordonnance du Roi du 20 novembre 1822, et du 27 août 1830.

Les Stagiaires ne peuvent pas, comme les Avocats portés sur le tableau, voter pour l'élection du Bâtonnier, et du Conseil de l'Ordre.

CHAPITRE IX.

Du temps de travail ou Stage, exigé pour les fonctions de Notaire, et du certificat de Capacité et de Moralité, à obtenir de la Chambre des Notaires.

Pour pouvoir aspirer aux fonctions de

Notaire , le temps de travail ou Stage , est, sauf les exceptions ci-après , de six années entières et non interrompues , dont une des deux dernières , au moins , en qualité de premier clerc , chez un Notaire d'une classe égale, à celle où se trouve la place à remplir.

Le temps de travail peut n'être que de quatre années , lorsqu'il en aura été employé trois, dans l'étude d'un Notaire d'une classe supérieure à la place , qui doit être remplie, et lorsque , pendant la quatrième , l'aspirant aura travaillé en qualité de premier clerc, chez un Notaire d'une classe supérieure , ou égale à celle, où se trouve la place, pour laquelle il se présente.

L'aspirant qui a travaillé, pendant quatre ans sans interruption, chez un Notaire, ou de première ou de seconde classe , et qui a été pendant deux ans , au moins , défenseur ou avoué près d'un Tribunal civil , peut être admis dans une des classes, où il a fait son Stage , pourvu que pendant l'une des deux dernières années de son Stage il ait travaillé en qualité de premier clerc chez un Notaire d'une classe égale à celle où se trouve la place à remplir.

Le temps de travail, exigé par l'article précédent, doit être d'un tiers en sus, toutes les fois que l'aspirant, qui a travaillé chez un Notaire d'une classe inférieure, se présente pour remplir une place, d'une classe immédiatement supérieure.

Pour être admis à exercer dans la troisième classe de Notaires, il suffit que l'aspirant ait travaillé pendant trois années chez un Notaire de première, ou de seconde classe, ou qu'il ait exercé comme défenseur ou avoué pendant l'espace de deux années, auprès du Tribunal d'appel ou de première instance, et qu'en outre, il ait travaillé un an chez un Notaire.

Le Gouvernement peut dispenser de la justification du temps d'étude, les individus qui ont exercé des fonctions administratives, ou judiciaires.

L'aspirant demande à la Chambre de discipline dans le ressort de laquelle il se propose d'exer,cerun Certificat de Moralité et de Capacité. Le Certificat ne peut être délivré, qu'après que la Chambre a fait parvenir au Commissaire du Gouvernement près le Tribunal de première instance , l'expédition de la délibération qui l'a accordé.

Le Notaire déjà reçu, et exerçant depuis un an dans une classe inférieure , est dispensé de toute justification de Stage , pour être admis à une place de Notaire, vacante, dans une place , immédiatement supérieure.

CHAPITRE X.

Des Concours pour les chaires de professeurs de Droit , et pour les places de Suppléans.

Les Lois , Décrets et Ordonnances , qui régissent la matière, sont :

La Loi du 22 ventôse an XII (13 mars 1804).

Les Décrets des 17 mars et 17 septembre 1808, portant organisation de l'Université.

Les Statuts des 31 octobre 1809 et 31 juillet 1810.

La Décision du Roi du 12 août 1818, portant qu'il doit être pourvu aux chaires des Facultés de Droit, par voie de concours.

L'Arrêté de la Commission de l'Instruction publique, du 21 décembre 1818.

L'Ordonnance du Roi du 2 février 1823.

L'Arrêté du Conseil royal , du 12 avril 1823.

Enfin principalement le Statut du 10 mai 1825, qui contient , en détail, toutes les formalités à suivre dans les concours:

On y statue (art. 6), que nul ne pourra être admis au concours, s'il ne jouit des droits civils , et s'il ne présente un Diplôme de Docteur en Droit , obtenu dans l'une des Facultés de l'Université. (Art. 7) S'il n'a 30 ans, pour une chaire de professeur, et 25, pour une chaire de suppléant.

(Art. 11). Les aspirans se feront inscrire au Secrétariat de la Faculté, au moins trois mois , avant le jour, qui aura été fixé pour l'ouverture du concours.

Chacun d'eux produira en même-temps son acte de naissance , son Diplôme de Docteur, et un certificat de bonnes vie et mœurs, délivré par le Maire de sa commune , et confirmé par le Préfet du Département.

(Art. 16). Les Juges du concours sont choisis par le Grand-maître ; tous les professeurs de la Faculté devant laquelle le concours est ouvert , en sont juges de droit, et quoique le Grand–maître puisse choisir hors de la Faculté, cependant ils doivent toujours être en majorité.

Le Président, qui est ordinairement un membre du Conseil royal, ou un inspecteur général, est choisi par le Grand–maître.

(Art. 21). Les candidats proposent leurs récusations motivées, sur lesquelles il est prononcé par les juges non récusés, sauf l'appel au Conseil royal.

(Art. 33) Le concours est composé de trois exercices, savoir :

1°. Une composition écrite sur une matière tirée au sort ;

2°. Trois leçons de trois – quarts d'heure chacune, faites oralement, sur la matière qui sera échue à chaque candidat, par le sort. Le délai pour se préparer est de deux jours francs.

3°. Une thèse sur le Droit romain, et sur le Droit français, que le candidat soutiendra pendant trois heures.

L'argumentation sera faite par les candidats.

On ne pourra citer que les Lois, et non les Commentateurs ni les Arrêts.

Lorsque le concours n'aura lieu que pour le choix d'un Suppléant, les aspirans ne seront soumis qu'à l'épreuve des thèses.

Les juges se réunissent et nomment au scrutin secret, et à la majorité absolue, les plus dignes.

Les nominations peuvent être attaquées, pour violations des formes prescrites, devant le Conseil royal.

Nota. Lorsque le Gouvernement crée une nouvelle chaire, il s'arroge le droit de nommer le professeur titulaire sans concours.

RÈGLEMENT
D'UNE CONFÉRENCE DE DROIT,

A l'usage des Étudians et des Avocats stagiaires.

Dans la première assemblée, qui a lieu, pour constituer une conférence, on s'occupe d'abord de lui donner un nom, que l'on prend ordinairement, parmi ceux des plus célèbres Jurisconsultes, tels que Domat, Pothier, d'Aguesseau ; si plusieurs propositions sont faites à ce sujet on va aux voix, et l'on adopte le nom, qui réunit la majorité absolue des suffrages ; on propose ensuite un Réglement, on le discute et on l'adopte selon le vœu de la majorité. En voici un :

ARTICLE PREMIER.

Organisation de la Conférence.

La *Conférence* s'est donné le nom de *Conférence Domat*, elle se tient une ou deux fois par semaine, le mardi et le vendredi à 7 heures du soir, rue de Seine, nº. 32.

Elle se compose de *vingt* membres au plus : si ce nombre est incomplet, il en pourra être reçu d'autres, sur la présentation d'un

membre, et à la majorité absolue des suffrages.

Art. II.

Composition du Bureau.

Un *Président* et deux *Vice-Présidens* composent le Bureau ; il leur est adjoint un *Secrétaire*. La nomination de chacun d'eux, a
lieu au scrutin secret, et à la majorité relative. Elle doit être renouvelée à la première
séance de chaque mois.

Art. III.

*Fonctions de ces différens Membres et du
Secrétaire.*

Le Président et les Vice-Présidens sont
conjointement chargés de choisir les *questions*, qui devront être discutées dans la conférence ; et pour s'entendre à ce sujet, ils se
rendent dans le lieu ordinaire des séances, à
une heure, autre que celle de la réunion des
Membres ; ils prononcent aussi à la majorité,
sur les amendes , qui doivent être requises
par le Secrétaire.

Art. IV.

Le Président, ou à son défaut, l'un des Vice-Présidens, est chargé de la direction des travaux de la Conférence et de la police de l'audience. Il a seul le droit de rappeler à l'ordre le membre, qui s'en écarte, et peut, si ce dernier récidive, le condamner à une amende de vingt-cinq centimes. Il est encore, dans ses attributions, de recueillir, après les plaidoieries, les *conclusions* des différents Membres sur la question débattue, de prononcer le jugement de la Conférence; il adresse à chacun des Avocats entendus, la *mercuriale* d'usage, c'est-à-dire les observations critiques, présentées par la généralité des Membres sur leurs plaidoiries. Pendant la délibération y relative, les Avocats se retireront dans une salle voisine, et attendront pour paraître devant leurs juges, que le Président les appelle. Enfin le Président, ou à son défaut, l'un des Vice-Présidents, est chargé de faire exécuter le présent Réglement.

Art. V.

Le Secrétaire est tenu de rédiger, avec

exactitude , le procès-verbal , et la minute du *jugement*, prononcé dans la séance précédente, et d'en donner lecture, au commencement de la séance suivante. Chaque Membre pourra proposer d'y faire quelque changement , et alors le bureau prononcera.

Le Secrétaire provoquera les condamnations, à l'amende, toutes les fois qu'il y aura lieu , et immédiatement après la clôture de toute discussion , il aura seul le droit de demander à chacun sa contribution aux frais de la Conférence. Celle-ci lui donne pouvoir de faire , et recevoir en son nom tout paiement qui la concerne. Il s'occupera également de tout ce qui aura rapport à la location, et à l'entretien de la salle. Dans la dernière séance de chaque mois , il rendra ses comptes au bureau.

ART. VI.

Le Secrétaire tiendra un registre, contenant la liste des Membres de la Conférence , par ordre alphabétique , avec leurs adresses , les questions à discuter dans chaque séance , la distribution des rôles , qui sera faite par le bureau aux différents Membres, selon l'ordre dans lequel leurs noms figureront sur la liste, enfin le Réglement et les procès-verbaux des séances.

Art. VII.

Ordre des Séances et distribution des Rôles.

Il sera plaidé, par séance, deux questions au moins. On y joindra des faits, pour faciliter l'application de la théorie. Pour la discussion de la cause, il y aura deux avocats, l'un demandeur, l'autre défendeur, et un Procureur du Roi.

Art. VIII.

Après la réplique des Avocats, si toutefois ils jugent à propos de répliquer, droit qu'on ne pourra leur refuser sous aucun prétexte, la parole appartiendra au Procureur du Roi, sans que le demandeur ni le défendeur puissent prétendre à une nouvelle réplique. Aussitôt après le réquisitoire du Ministère public, chargé de résumer les plaidoiries et de conclure, chaque Membre à l'exception des Avocats, émettra de vive voix, et d'après l'invitation du Président, son jugement sur la question, en forme de con-

clusions motivées; le jugement de la Conférence sera conforme à celui de la majorité
des membres , et prononcé par le Président.
Ensuite les Avocats et le Procureur du Roi,
se retireront pour un moment , et revien-
dront, sur l'appel du Président, entendre la
mercuriale.

Art. IX.

Chaque Membre apportera , au moins une
fois par quinzaine , un certain nombre de
questions écrites et signées , parmi lesquelles
le bureau choisira celles, qu'on devra discuter
dans la Conférence.

X.

Il sera fait un appel , au commencement
de chaque séance , qui s'ouvrira à l'heure
dite et précise.

Art. XI.

Amendes.

Tout Membre, qui arrivera après l'appel,
sera passible d'une amende de 25 centimes ,
s'il n'est pas en retard de plus d'un quart
d'heure ; elle sera de 50 centimes, dans le cas
contraire, ou lorsqu'il aura omis d'apporter

des questions, au jour indiqué. L'amende sera d'un franc pour une absence totale. Celui qui, ayant un rôle à remplir, fera défaut, ou n'arrivera qu'après l'heure, paiera le double de l'amende, s'il n'a point prévenu le bureau de son absence ni confié son rôle à un autre ; dans le cas contraire, il ne sera passible que de l'amende simple.

Art. XII.

Tout Membre, condamné à l'amende, en sera déchargé de plein droit, s'il fait agréer, au bureau ses excuses.

Art. XIII.

Quiconque fera défaut trois fois de suite, sans en prévenir le bureau, ou qui l'ayant prévenu, n'aura pas une seule fois fait admettre ses excuses, sera rayé de la liste des Membres de la Conférence, et ne pourra jamais y rentrer.

Art. XIV.

Aucun Membre ne pourra proposer un changement au Réglement s'il n'est appuyé par trois autres Membres.

BIBLIOTHÈQUE
CHOISIE
A l'usage des Étudians en Droit.

On n'a indiqué le nombre des volumes composant
chaque ouvrage, que lorsqu'il y en avait plusieurs.

Droit Public en général.

*Collections des Constitutions, Chartes de l'Eu-
rope, etc.*, par Duvergier, 6 gros vol. in-8°.

Principes de Droit de la Nature et des Gens;
par Burlamaqui, 5 vol. in-8°.

Élémens du Droit naturel, par le même,
in-8°.

Droit des Gens, par Vatel, 2 vol. in-4°.

Droit de la Guerre et de la Paix, par Grotius,
2 vol. in-4°.

Traité de Législation, ou Exposition des Lois
générales, suivant lesquelles les peuples
prospèrent, dépérissent ou restent station-
naires, par C. Comte, Avocat, membre
de la Chambre des Députés, ancien Procureur du Roi, à Paris, Professeur hono-

raire de Droit à Lausanne , auteur du *Censeur Européen* , des *Pouvoirs et obligations du Jury* ; 4 vol. in-8°. , chez Paulin. Ouvrage couronné par l'Académie Française en 1826.

Le Censeur et le Censeur Européen , par le même et Dunoyer , 19 vol. de 1814 à 1819. Ce recueil est très-rare.

Science du Publiciste , par Frétot , 11 vol. in-8°.

Traité de la Législation Civile et Pénale , par J. Bentham , 2ᵉ. édition , 3 vol. in-8°.

Des Délits et des Peines , par Beccaria , 1823 , in-18 , édit. Colin de Planci.

Droit Romain.

Hugo : *Histoire du Droit Romain* , Traduction Française , par Poncelet , 2 vol. in-8°. , 1822.

Berriat S.–Prix : *Histoire du Droit Romain, suivie de l'Histoire de Cujas.* 1821 , in-8°.

J. C. Heineccii *Antiquitatum romanarum Jurisprudantiam illustrantium Syntagma, secundum ord. Institutionum digestum.* Francof : ad mœn. 1822 , in-8.

Jus Civile ante Justinianum , 2 vol. in-3°. 1815.

Gaii *Institutionum Commentaria quatuor.*

Corpus Juris Civilis academicum 1830. Très-belle édition , prix : 24 fr.

Pothier : *Pandectæ Justinianæ , cum legibus codicis et novellarum , quæ jus pandectarum confirmant.* 1782. Lugd. 3 vol in-f°. Par. 1818. 4 vol. in-4°.

Heineccii *Recitationes in elementa Juris civilis secundum ord. institutionum.* 1810, 2 vol. in- 8°.

Du Caurroy : *Institutes expliquées ,* 4 vol. in-8°. 1826 à 1831.

Premier Examen sur le Droit Romain , suivant les Institutes de Justinien , par M. Ducher , Avocat à la Cour Royale , 1 vol. in-18 ; 1832 , Prix: 2 fr. 75 c. Chez Lebrun , rue de Seine , n. 32 , à l'Athénée de Juris-prudence.

Heineccii *Elementa juris civilis secundum ordinem pandectarum ,* 2 vol. in-8°.

Cujaccii *Paratitla in libros novem codicis Justiniani ,* 1625 in-8°.

Cujaccii *Opera,* édition faite à Venise et à Modène en 1758 : à Venise pour les 3 premiers volumes, et pour les 8 derniers , à Modène, de 1777 à 1783.

Vinnii *Quæstiones*, in-4°.

Belloni *Antinomiarum juris dissolutiones.*
1551. in-18.

Gothofredi *Immo ; hoc est conliciatio legum*,
P. 1821, in-8°. *Appendice*, édit. de Pinel
Granchamp, P. 1822. in-8°.

Ancien Droit Français.

Histoire abrégée du Droit Français, par Fleury.

*Recueil général des Lois anciennes françaises,
depuis 420 jusqu'en* 1789, par Isambert,
P. 1824, et années suivantes.

Coutumier général, par Bourdot de Riche-
bourg, Paris, 1724, in-fol.

Conférence des Coutumes de France, par
Guenois, Paris, 1596.

Institutions de Droit Français, par Serres,
Paris, 1778, in-4°.

*Institutes de Justinien, conférées avec le Droit
Français*, par Boutaric, Toulouse, 1740.
in-4°.

Œuvres de Domat, Paris, 1822, revues par
Carré, 9 vol. in-8°.

Principes du Droit Français, par Poullain-
Duparc, 12 vol. in-12, Rennes, 1771.

Œuvres de Pothier, 11 vol. in-8°., Paris, édition de Dupin, 100 fr.

Œuvres du Chancelier d'Aguesseau, revues par Pardessus, 16 vol. in-8°. avec portraits, 96 fr.

Nouveau Droit Français.

Sources, Codes, Répertoires, etc.

Projet de Code Civil, présenté par la Commission, nommée par le Gouvernement. Paris, an IX (1801).

Observations des Tribunaux d'appel, et du Tribunal de Cassation, sur ce Projet. Paris, an IX et an X, 5 vol. in-4°.

Conférence du Code Civil, avec la discussion particulière du Conseil d'État, et du Tribunat, par Locré, Paris 1805.

Code Civil, suivi de l'Exposé des Motifs, présenté, par les Orateurs du Gouvernement, des rapports faits au tribunat, des opinions, émises dans le cours de la discussion, des discours prononcés au Corps Législatif, Paris, 1820, 8 vol. in-12.

Code de Procédure, suivi des Motifs, etc., Paris, 1808, 6 vol. in-12.

Code de Commerce, et ses Motifs, Paris, 1807.

Code d'Instruction Criminelle, avec les Motifs
et les rapports, Paris, 1810, in-12.

Code Pénal, et les Motifs, Paris, 1810, in-12.

Bulletin des Lois et Ordonnances, depuis le
22 Prairial an II.—Coute 9 fr. par an, à
l'imprimerie royale.

Recueil complet des Lois et Ordonnances, par
Isambert, à dater de 1814, 1 vol. par
année.

Manuel du Droit Français, contenant les
Cinq Codes annotés, par Paillet, 6ᵉ. édit.

Conférences des Cinq Codes entr'eux, avec
notes par Bourguignon, in-8º.

*Répertoire universel et raisonné de Jurispru-
dence*, par Merlin, 5ᵉ. édition, 1830.

Recueil de questions de Droit, par le même,
les deux Ouvrages en 26 vol. in-4º. 1830.

*Répertoire de la Nouvelle Législation Civile,
Commerciale et Administrative*, par Favard
de Langlade, Paris, 1823, 1824, 1828,
1830 et 1831, 5 vol. in-4º.

Thémis, ou Bibliothéque du Jurisconsulte,
par Blondeau, etc. 1 vol. par an.

Recueil général des Lois et Arrêts, par Sirey,
31 vol. in-4º. Paris, 1800 à 1831, 24 fr.
par an.

Journal des Audiences de la Cour de Cassation et des Cours Royales, par Dalloz, faisant suite à celui de Denevers. 33 vol. depuis 1824 jusqu'en 1831.

Journal du Palais, par Bourgeois.

Ouvrages relatifs aux Six Codes.

CODE CIVIL. — *Esprit du Code civil*, par Locré.

Cours du Code civil, par Delvincourt, Paris 1824, 3 vol. in-4°.

Le Droit civil français suivant l'ordre du Code, par Toullier, 14 vol. in-8°. 1831, 3.e édition, par Renouard. Plus un 15e volume de tables. Cet Ouvrage finit au chapitre de la Vente. Il sera continué par M. Carré.

Cours du Droit français, par Duranton, professeur à Paris, 13 vol. in-8°. 1826-1831 jusqu'au Contrat de mariage. Les autres paraîtront successivement. Prix 90 fr.

Cours de Droit français, par Proudhon. Les deux premiers volumes expliquent le premier livre du Code, et les sept suivans l'Usufruit, l'Usage et l'Habitation, 2 vol. in-8°.

CODE DE PROCÉDURE CIVILE, *Esprit du Code de Procédure*, par Locré.

Cours de Procédure , par Berriat 3 vol. in-8°. cinquième édition.

Explication du Code de Procédure , par Demiau-Crouzillac , professeur , in-8°.

La Procédure civile des Tribunaux de France , Par Pigeau , 2 vol. in-4°. , édition revue par Crivelle.

Les Lois de la Procédure civile , par Carré , 3 vol. in-4°.

CODE DE COMMERCE , *Esprit de ce Code* , par Locré , 10 vol. in-8°.

Cours de Droit Commercial , par Pardessus , 6 vol. in-8°.

Cours de Droit commercial, par Boulay-Paty , Rennes , 4 vol. in-8°.

CODE PÉNAL , *De l'Instructiou criminelle* , par Carnot , 3 vol in-4°.

Traité de législation criminelle , par Legraverand , 2 vol. in-4°.

Commentaire sur le Code pénal , par Carnot , 2 vol. in-4°.

CODE FORESTIER. — *Code forestier* avec les motifs, la discussion , etc., par Brousse et Favard de Langlade , deuxième éd. in-8°.

Ouvrages spéciaux sur le Code Civil.

Essai sur l'effet rétroactif des Lois , par Blondeau. *Voyez* Thémis , tome VII , page 289 à 334.

Traité de la mort civile , par Desquiron , 1822.

Traité des actes de l'état civil , par Majorel et Coffinières , in–8°. 1826.

Traité du Domicile et de l'Absence , par Desquiron , 1822 , in–8°.

Traité du Mariage et de la Puissance maritale , par Vazeille , 2 vol in–8°.

Nouveau Traité de l'Adultère et des Enfans adultérins , par Bedel , Paris , 1 vol. in–8°.

Traité succinct de l'Adoption et de la Tutelle officieuse , par M. Grenier , à la suite du *Traité des Donations* , troisième édition.

Essai sur la Puissance paternelle , par M. Chrestien de Poly , Paris 1822 , 2 vol. in–8°.

Des Conseils de famille , *Avis de Parens* , *Tutelles et Curatelles* , 1813. par Bousquet.

Conséquences et développement de l'art 530 du Code civil , par Jourdan , Thémis , tome V , page 321 à 332.

Traité de l'Usufruit , de l'Usage et de l'Habi-

tation, par Proudhon, 8 vol. in-8°, Dijon,
1824.

Commentaire sur la Loi des Successions, par
Chabot, 3 volumes in-8°.

Traité des Donations et Testamens, par Grenier, 1826, 2 vol. in-4°.

— *Idem*, par Ricard, 2 vol. in-folio.

Loi de 1826 sur les Substitutions, dont on
demande l'abrogation.

Des Substitutions prohibées par le Code civil,
par Rolland de Villargues.

*Traité des Contrats et des Obligations en géné-
ral*, par Duranton, 4 vol. in-8°.

Traité des Nullités, par Bire, 2 vol. 1821.

*Traité de la Preuve par témoins en matière ci-
vile*, par Desquiron, 1811, in-8°.

Traité du Contrat de Vente, par Pothier,
(*Voyez* ses OEuvres).

— *Des Cheptels*, par le même.

— *De Société*, idem.

— *De l'Usure*, par Garnier, 1826.

— *Du Contrat de Dépôt*, par Pothier.

— *Des Assurances et des Contrats à la grosse*,
par Émérigon, conféré avec le nouveau
Code de commerce, par Boulay-Paty,
1826, 2 vol. in-4°.

— *Du Contrat par Lettres de change*, par Par-
dessus , 2 vol. in–8°.

— *Des Transactions d'après le Code civil* , par
J. B. F. M. , 1814.

Manuel des Arbitres , par Boucher , in–8°.

Traité de la Contrainte par corps , par Fournel.

Régime hypothécaire, par M. Persil, 2 vol. in–8°.

Traités des Privilèges et hypothèques , par
Battur , 4 vol. in–8°.

—*Des Hypothèques*, par Grenier, 2 vol. in–4°.

— *Idem* , par Favard de Langlade.

Questions sur les Privilèges , Hypothèques , par
Persil , 2 vol. in–8°.

Traité des Saisies et des Contraintes , par Le-
page , 1807.

Traité des Prescriptions, par Vazeilles , 1824,
in–8°.

Traité des Prescriptions , par Dunod de Char-
nage , in–4°.

Variétés.

Le Censeur , journal de la Jeune France , 1
cahier par mois , prix 15 fr. par an , rue
de Seine, n. 32, à l'Athénée de Jurisprudence.

Barreau français et Barreau anglais , 20 vol.
in–8°. , par Clair et Clapier.

*Les Conflits ou Empiétemens de l'Autorité ad-
ministrative*, par Bavoux, magistrat et dé-
puté, 2 vol. in-4°.

Les Institutes du Droit administratif, par de
Gérando, 1830, 4 vol. in-8°.

Des Tribunaux administratifs, ou *Introduction
à la Jurisprudence du Conseil-d'État*, par
Macarel, in-8°.

*Essais d'Institutions oratoires à l'usage de ceux
qui se destinent au Barreau*, par de Lamalle,
2 vol. in-8°.

Du Ministère public en France, par Ortolan,
2 vol. in-8°., 1831.

Traité d'Expropriation publique, par Delan-
neau.

*Pothier analysé dans ses rapports avec le Code
civil*, par Fenet, avocat.

Compétence des Juges de paix, par Henrion
de Pansey, in-8°.

Le Parfait Notaire, par Massé, ex-Notaire
à Paris, sixième édition, 3 vol. in-4°.

Répertoire de Jurisprudence du Notariat, par
Rolland de Villargues, 7 vol. in-8°., fini
en 1831. L'auteur publie un Journal pour
les Notaires.

TABLE
DES MATIÈRES.

RÈGLES DE DROIT,

EXTRAITES

DES LOIS ROMAINES

ET

DES INTERPRÈTES.

Les lois romaines ont été appelées la *raison écrite*. Nous en avons renfermé la substance dans ce recueil.

ABSENTIA.

Absentia longa et mors æquiparantur.

In omnibus partibus juris, is qui reversus non est ab hostibus, quasi tunc decessisse videtur, cùm captus est.

Is qui reipublicæ causâ abfuturus erat, si procuratorem reliquerit per quem defendi potuit, in integrum volens restitui, non auditur. *Paulus.*

Divi Severi et Antonini magni rescriptum est, ne quis absens puniatur. Et hoc jure utimur, ne absentes damnentur; neque enim inauditâ causâ quemquam damnari æquitatis ratio patitur. *Marcianus.*

Absentia diuturna justa est causa dissolvendæ societatis. *Gothofredus.*

ABSOLUTIO.

Levius est nocentem absolvere, quam innocentem condemnare.

ABSUMPTUM.

Absumptum non videtur, quod in corpus patrimonii versum est.

ABUSUS.

Abusus non est usus, sed corruptela.

Accusatio.

Is qui reus factus est, purgare se debet, nec anteà potest accusare quàm fuerit excusatus.

Ulpianus.

Actio.

Actionis verbo non continetur exceptio.

Quem de evictione tenet actio, eumdem agentem repellit exceptio.

Actio ad mobile consequendum mobilis est ; ad immobile, immobilis.

Ubi concurrunt plura delicta, ibi concurrunt plures actiones. *Baldus.*

Constante matrimonio, neutri eorum conjugum, neque pœnalis, neque famosa datur actio. Lex enim tam atrocem actionem dare in personam ita conjunctam erubuit. *L.* 17, *cod. de furtis.*

Actor.

Actor sequitur forum rei.

Actori incumbit onus probandi.

Attamen nemo edere contra se tenetur.

Res inter alios acta vel judicata, alteri nec prodest nec nocet.

Id sequimur quod actum est.

Ubi actus non est necessarius, nihil refert an benè, an malè sit factus.

Qui tenet uxorem *adulteram*, stultus et impius est.

Advocatus.

Oportet ut bonas causas et veraciter agant advocati.

Veritas ipsa, ut et innocentia, maxima eloquentia est, et de veritate magis quàm de victoriâ solliciti esse debent causarum patroni.

Licet advocato vendere justum patrocinium, et jurisconsulto justum consilium, quamvis non liceat judici vendere justum judicium. *S. Aug.*

Advocati non debent exercere officium tabellionis.

In advocatorum tutelâ, non privatorum duntaxat, sed et reipublicæ salus continetur.

Ædificium.

Superficies solo cedit.

Æqualitas.

Quoad jus naturale, omnes homines æquales sunt.

Æquitas.

In omnibus quidem, maximè tamen in jure, æquitas spectanda est.

Naturalis ratio optimus est legis clypeus, judexque non minùs moveri debet naturali dicto, seu dictamine rationis, quàm lege scriptâ, quia quærere legem ubi habemus rationem naturalem, est infirmitas intellectûs.
Baldus.

Pretia rerum non metimur a singulari affectione, sed æstimatione communi. *Baldus.*

Nemo contra se sponte agere censetur.

Alienatio.

Qui præscribi patitur, alienare videtur.
Argentræus.

Quoties in fraudem legis fit alienatio, non valet quod actum est.

Qui non potest alienare, nec juramentum deferre potest. *Alexander.*

Alimenta.

Necare videtur qui alimonia denegat. *L.* 4, *ff. de agnosc. lib.*

Mulier de bonis viri est alenda. *Argentræus.*

Ab eo alimenta peti non possunt, qui aliundè habet undè alatur. *idem.*

Competens judex à filio te ali jubebit, si in eâ facultate est ut tibi alimenta præstare possit. *L.* 2, *cod. de alend. lib. ac puer.*

Legatis alimentis, cibaria et vestitus et habitatio debentur, quia sine his ali corpus non potest. *L.* 6, *ff. de alim.*

Vir et uxor inopes superstites alendi sunt ab hæredibus defuncti. *Surdus.*

Altare.

Qui altari servit, de altare debet vivere.

Amovere.

Amovere non videtur qui non callido animo nec maligno rem posuit. *L.* 71, *ff. de acq. vel amitt. hæreditate.*

Approbatio.

Quod omnes tangit, debet ab omnibus approbari.

Si plures sunt qui arbitrium receperunt, nemo unus cogendus erit sententiam dicere, sed aut omnes aut nullus. *L.* 17, § 2, *ff. de recept.*

Arbitrium patris summum judicium esto.

Ab initio nemo cogitur arbitrium suscipere; sed post susceptum cogitur explicare. *Bartholus.*

5. Arbiter est qui inter partes judicis assumit officium, non qui amicabiliter componit. *Idem.*

Arbiter pœnam infligere non potest. *Id.*

Minor non potest esse arbiter. *Id.*

Arbor.

Fuit et arborum cura legibus priscis. *Plinius.*

Auctor.

Non debeo melioris conditionis esse quam auctor meus, a quo jus in me transit. Nemo plus commodi hæredi suo relinquit quam ipse habuit.

Auctoritas adhibita post actum censetur in ipso actu adhibita. *Tiraquellus.*

Auxilium.

Quæ emergunt de novo, novo indigent auxilio.

Ubi majus periculum, ibi magis necessarium fuit auxilium.

Beneficium.

Beneficium restitutionis transit ad hæredes.

Bartholus.

Invito beneficium non datur. *Paulus.*

Beneficium imperatoris, quod à divinâ scilicet in

dulgentia proficiscitur, quam plenissimè interpretari debemus. *L. 3, ff. de constit. principum.*

Ut beneficium insequenti injuria rescinditur, ita injuria insequenti reconciliatione extinguitur.

Seneca.

Beneficium principis nemini debet esse damnosum.

Molinæus.

Benigniùs leges interpretandæ sunt, quo voluntas earum servetur.

Bona.

Bona non censentur nisi deducto ære alieno.

Qui cadit a syllabâ, cadit a toto. — Bonum ex integrâ causâ, malum ex minimo defectu.

Cadere.

Faciliùs cadimus quàm resurgimus.

Cæcus.

Cæcus si cæco ductum præstet, ambo in foveam cadunt. *Mat.* 15, 14.

Calliditas.

Infirmitati, non calliditati consultum est. *L. si sine C. ad Senat. Velleian.*

Calumniator.

Inspectâ calumniatoris qualitate, injuriarum gravitate, pondere et atrocitate, aliisque circumstantiis, pœna est infligenda.

Capacitas.

Quotiescumque de capacitate aut habilitate personarum quæritur, domicilii leges et statuta spectantur.

Captura.

Ea quæ ex hostibus capimus, jure gentium statim nostra sunt. *Instit.* § 17, *de rerum divis.*

Castigatio.

Vivos castigare decet, non mortuos.

Malum est viris defunctis conviciari.

Temerarium est umbram hominis mortui affligere.

Casus.

Ea quæ improviso casu potiùs quàm fraude accidunt, facto non noxæ imputantur. *L.* 1, *cod. ad legem Corn.*

Nemini potest imputari quod humanâ providentiâ regi non potest.

Causa. Effectus.

Cessante causâ, cessat effectus; cessante causâ privilegii, cessare debet privilegium.

Limitata causa limitatum habet effectum.

Cautio.

Plus cautionis est in re quam in persona.

Censura.

Ex veteribus hoc præceptum rectè elicuimus, non esse permissam judicantibus de conditis legibus censuram.   *Argentræus.*

Citatio.

Quamvis citatio die feriato fieri non debeat, hæc regula fallit quoties res urget, aut actionis dies exiturus, ideò ut res esset peritura, quandò dilatatio periculosa est.

Citatio facta ad locum inhonestum non arctat citatum.   *Bartholus.*

Cives. Civitas.

Cives origo, incolas domicilium facit.

Nemo duarum civitatum civis esse potest.

Jus mutandæ civitatis ex voluntate pendet.

Quemadmodùm libertas et civitas non datur ad tempus, ità non adimitur.

Coactio. Nemo potest præcisè cogi ad factum.

Colonus partiarius is est qui agrum eâ lege suscipit, ut pro culturâ fructuum dimidia pars, vel alia ei cedatur.

Commodatum. Re commodatâ uti non possumus.

Quem sequuntur commoda, sequi debent et incommoda.

Compensatio. Paria delicta mutuâ compensatione tolluntur.

In causâ depositi compensationi locus non est.

Debitum ex causâ victuali non compensatur.

Condemnatio incompetens pro non existente habetur.

Conditio in conventionibus impleta retroagit ; ac perindè habetur, ratione quidem translationis domini, ac si conditio nunquàm fuisset apposita.

Conditiones quæ contra bonos mores vel derisores sunt, pro non scriptis habentur.

Confessio dividi non debet.

Confiscatio. Pœna caput sequitur, non rem. (Hæc regula valet contra confiscationem.)

Nihil consensui tàm contrarium est quàm vis ac metus. *L.* 116, *de reg. jur.*

Nemo ex consilio (adde non fraudulento) obligatur, etiamsi non expediat cui datum est.

Interpretatio. Optima legum interpres consuetudo.

In contractibus ea tacitè veniunt, quæ sunt moris et consuetudinis.

Contractus. Qui cum alio contrahit, non debet esse ignarus conditionis ejus cum quo contrahit.

Certissimum est ex alterius contractu neminem obligari. *L.* 3, *inf. cod. ne ux. pro mar.*

Non tantùm propter nos, sed propter nostros contrahimus.

Locus regit contractum.

Cor. Duro corde præditus in miserias tandem incidet.

Corpus. Cùm in corpore dissentiatur, appâret nullam esse emptionem. — Hibil autem facit error nominis, cùm de corpore constat.

Creditor, Creditum. Creditum et debitum non possunt concurrere in eâdem personâ.

CRIMEN.

. . . . . Tantô conspectiôs in se
Crimen habet, quantò major, qui peccat, habetur.

Lata culpa dolo æquiparatur.

Imperitia dolus est et culpæ dnumeratur.

Culpa est immiscere se rei ad se non pertinenti. *L.* 36, *ff. de reg. jur.*

Magna negligentia culpa est ; magna culpa, dolus.

Definitio. Omnis definitio in jure civili periculosa est ; parùm est enim ut non subverti possit.

Delictum nemo jubnti parere cogitur.

Deposita etiam prædoni res restituitur.

Destitutio.

Turpiùs ejicitur quàm non admittitur hospes.

Dolus, nimia præcautio.

Dolus, omnis affectatio,

In minore infante non est dolus.

Dolus malus est, omnis calliditas, fallacia, machinatio ad circumveniendum, fallendum, decipiendum alterum adhibita.

Domicilium. Domicilium est ubi quis uxorem, liberos, tabulas, instrumentum rei domesticæ habet, ubi rerum fortunarumque suarum summam constituit, undè non discessurus, si nihil avocet, undè cùm discessit, peregrinari videtur.

Consilio simul et facto constituitur domicilium, nec alterum sine altero sufficit.

Dominus. Suarum rerum unusquisque est arbiter et dominus.

Dare. Qui dat et retinet, dare non videtur.

Nemo videtur donare id de quo non cogitavit. Nec ignorans, nec invitus quisquam donat.

Dos. Profectitia dos ad patrem revertitur, filiâ mortuâ.

Nulla dos sinè matrimonio.

Dos in fraudem creditorum constitui non debet.

Reipublicæ interest mulieres dotes salvas habere, ut nubant. *L.* 2, *ff. de jure dot.*

In contrahendâ venditione ambiguum pactum contra venditorem interpretandum est.

Sine pretio nulla est venditio.

Priùs est esse quàm esse tale.

Enuntiativa probant in antiquis, seu in antiquis omnia præsumuntur rite et solemniter acta.

Error calculi etiam per longum tempus retractari potest.

Errare et decipi turpe ducimus.

A conatu, non AB EVENTU, quamlibet rem judices.

EVICTIO.

Quem de evictione tenet actio, eumdem agentem repellit exceptio.

Sive tota res evincatur, sive pars, habeat regressum emptor in venditorem.   *Ulpianus.*

Vitium rei venditæ post contractum superveniens non parit causam evictionis.

Non tenetur venditor de futuro casu. *L.* 11. *ff. de evict.*

Non tenetur venditor si ex personâ emptoris, vel facto, res evicta sit. *L.* 27, *ibid.*

EXCEPTIO firmat regulam in casibus non exceptis : si exceptio facit ne liceat, ibi necesse est licere, ubi non est exceptum.   *Cicero.*

INCLUSIO unius est exclusio alterius.

EVICTIONE quem de tenet actio, eumdem agentem repellit exceptio.

EXCEPTIO dilatoria in exordio litis proponi debet. *L. penult. cod. de excep.*

IN EXCEPTIONE reus actor est. Reus EXCIPIENDO fit actor. *L.* 1. *ff. de excep.*

EXCLUSIO.

Exclusa censentur omnia quæ lex enumerando non inclusit.

Qui de uno dicit negat de altero.

EXECUTOR.

Executor dolum, et latam culpam præstat.
                    Argentræus.

EXEMPLUM.

Exemplum exempli non facit fidem.

Rationibus, non exemplis est judicandum.

EXPRESSA.

Expressa nocent, non expressa non nocent. *L.* 195. *ff. de div. reg. jur.*

Ea quæ sunt moris, pro expressis habenda sunt.

EXTENSIO.

In pœnalibus non fit extensio de similibus ad simi-
lia, quandò pœnæ imponuntur respectu alicujus personæ, etiamsi ipsi casus essent in jure æquiparati.

Constitutiones principum sunt stricti juris, nec ex-
tendi debent.   *Cujas.*

FACTUM.

Factum suum cuilibet est nocivum.

Non verbis, sed factis standum est.

Generaliter, factum tutoris, factum pupilli.

Factum non videtur, cùm superest aliquid agendum.
L.penult. infr. cod. de his quibus ut indig.

FIDES. Fidem frangenti fidem servare necesse non
est.

Error juris non inducit malam FIDEM.

FRAUS. Inter proximos et propinquos fraus facilè
præsumitur.

FRUCTUS. Superficies solo cedit.

HÆREDES. HÆREDITAS. Nemo hæres invitus : sufficit
abstinuisse.

Corvina conventio est, pacisci de viventis hæreditate,
eo ignorante.

HYPOTHECA. Qui prior est tempore, potior est jure.

Hypotheca est tota in toto et in quâlibet parte, tan-
quam indivisibilis.

IGNORANTIA. Nemo censetur ignorare legem.

INCONSTANTIA.

  Vilia sunt nobis quæcumque prioribus annis
  Vidimus, et sordet quidquid spectavimus olim.

INJURIA. Volenti non fit injuria.

INTERPRETATIO. Nulla est sapientia stultior quàm quæ
lege vult sapientior videri.   *Argentræus.*

In certis non est conjecturæ locus.

Forma et essentia rei est potiùs spectanda quàm ver-
borum cortex.   *idem.*

Is qui actionem habet ad rem recuperandam, rem
ipsam habere videtur.

Invitus. Invito beneficium non datur.

Judex. Facilius judex quàm testis rejicitur.

Non sufficit ut judex sciat, sed necesse est ut ordine juris cognoscat.

Non est constantis et recti judicis animi motum detegere. L. *observandum* 19, *de off. præsidiis.*

Legatum. Falsa causa non vitiat legatum.

Lex. Scire leges non est verba earum tenere, sed vim ac mentem.

Locus. Locus regit actum.

Mater. Nullus affectus qui vincat maternum.

Minor. Minor, non tanquàm minor, sed tanquàm læsus restituendus est.

Nobilitas. Equi et canis nobilitas est ut boni sint generis; hominis vero, ut animum habeat omni genere virtutum exornatum.

Notarius. Notarius est judex chartularius habens jurisdictionem inter volentes.

Notarius de dolo et imperitiâ tenetur.

Notarii ad scribendos contractus constituti, non possunt scribere forensia.

Nuptiæ. Furor nuptias impedit, factas verò non infirmat.

Nuptias, non concubitus, sed consensus facit.

Habilis ad nuptias, habilis videtur ad pacta omnia, et renuntiationes quæ apponi in talibus solent.

Obligatio. Naturalis obligatio impedit repetitionem soluti.

Pacta. Illud tenendum est, pacta contra bonos mores, aut adversùs jus publicum, vel naturale, aut contra juris regulas non valere. *Valla, de reb. dub.*

Pectus. Pectus est quod facit disertos.

Perjurium. Perjurium Baldus definit esse mendacium juramento firmatum, et verum est.

Pœna. Ibi debet quis puniri, ubi deliquit.

Politia. Politia est ordo quidam incolentium civitatem, in dominatione et subjectione consistens.

Possessio. Rem acceptam pignori usu non capimus, pro alieno possidemus.

Præceptor. Præceptoris nimia sævitia culpæ assigna-
tur. *L. 6*, *ff. ad leg. aquil.*

Præscriptio. Contra non valentem agere non currit
præscriptio.

Prodesse. Is fecit scelus cui prodest.

Regressus. Remittentibus jura sua non est regressus.

Religio. Plurimùm valet ad metum delinquendi,
præsentiâ religionis urgeri.

Reus. Reus in exceptione actor est. Reus excipiendo
fit actor. *L. 1*, *ff. de excep.*

Servitutes. Nemini sua res servit, jure servitutis.

Societas. Socius socii mei non est meus socius.

Morte socii solvitur societas.

Cùm societas contrahitur, tàm lucri quàm damni
communio initur.

Societas jus quodammodò fraternitatis in se habet.
L. 63, *pro socio.*

Si socius ità injuriosus sit, ut non expediat eum pati,
renuntiatur societati.

Solutio. Solutio naturalis debiti non est donatio.

Stellionatus. Si quis rem alienam mihi pignori de-
derit, sciens prudensque, crimine stellionatûs plecte-
tur. *L. 36, § 1*, *ff. de pign. act.*

Stylus. Ea quæ sunt styli non operantur in contractibus.

Successio. Successio non fit per saltum.

Superficies. Superficies solo cedit.

Terminus. Dies termini, id est, à quo terminus com-
putatur, non est in termino sed extrà.

Testamentum. Inofficiosum videtur id omne quod contra pietatis officium factum est.

In testamentis voluntatem potiùs quàm verba spec-
tari placuit.

In testamentis obscura pro non scriptis habentur.

Cùm in testamento dies et consul adjecti non sunt,
nihil nocet quòminùs valeat testamentum.

Nemo partim testatus, partim intestatus moritur.

Testator non præsumitur voluisse quod non dixit.

Testis. Testimonium. Nemo est idoneus testis in suâ
causâ.

Testis unus, testis nullus. Unius omni modo testis
responsio non audiatur.

Thesaurus. Qui thesaurum in proprio fundo invenit,
totius fit dominus. *L. unic. cod. de thesauris* § 39.

Titulus. Melius est non habere titulum quàm osten-
dere vitiosum.

Titulus nullus pro non titulo est.

Transactio. Transactio non porrigitur ad ea de quibus non est excogitatum.

Transfuga. Transfugæ nullum postliminium est, nam
qui malo consilio et proditoris animo patriam reliquit,
hostium numero habendus est. *L.* 19, 4, *de captivis et pos-
liminio.*

Turpe, Turpitudo. Non auditur propriam allegans
turpitudinem.

Tutela, Tutor. Tutela lucro tutori esse non debet.

Urbs. Suburbia urbis appellatione continentur.

Utile. Utile per inutile non vitiatur in his quæ se-
parari possunt.

Venditio. Sub conditione facta venditio nulla est,
si conditio defecerit.

TABLE

Des matières du Premier Examen, sur le Droit Romain.

TABLE.

LIVRE SECOND.

FIN DE LA TABLE.

INSTITUTES.

PREMIER EXAMEN.

JUSQU'AU TITRE DES TESTAMENS.

INTRODUCTION.

L'empereur Justinien, pénétré de l'importance des lois, y consacra spécialement ses soins. La multitude des écrits des anciens jurisconsultes était telle, à son avènement à l'empire, qu'elle avait déjà jeté une grande confusion dans la jurisprudence. Les constitutions des empereurs se trouvaient renfermées sans ordre, et même avec de nombreuses antinomies, dans les trois Codes *Grégorien*, *Hermogénien* et *Théodosien*, ainsi appelés du nom de leurs auteurs, *Grégoire*, *Hermogène* et *Théodose*. Les deux premiers Codes, qui avaient paru sous Constantin-le-Grand, contenaient les constitutions des empereurs païens, et s'étendaient, l'un, depuis Adrien jusqu'à Valérien et Gallien ; l'autre, depuis cet empereur jusqu'à Constantin.

L'an 438, *Théodose* le jeune publia le Code *Théodosien*, comprenant les *constitutions* des empereurs chrétiens, depuis le temps de Constantin jusqu'au sien. Alaric II, roi des Goths, fit faire, par son référendaire Anien, une nouvelle compilation de ces trois recueils, et la mit au jour en 506, sous le nom de *Code Théodosien*, dont elle était, à proprement parler, un abrégé.

Ces lois furent long-temps en usage en France , et firent tout le droit romain qui s'y observait. Postérieurement à cette publication , il fut rendu, soit par Théodose lui-même , soit par ses successeurs, différentes constitutions , appelées *Novelles* , parce que, sans doute , elles étaient les plus récentes.

Tel était l'état de la législation et de la jurisprudence , lorsque Justinien crut devoir, par une réforme générale , remédier aux inconvéniens que nous avons signalés.

Dès la première année de son règne , en 528 , il chargea Tribonien et neuf jurisconsultes des plus célèbres, de rédiger un nouveau Code, dont les matériaux devaient être empruntés aux constitutions des empereurs , depuis Adrien jusqu'à lui. Du reste , il donna à la commission toute la latitude dont elle pouvait avoir besoin , pour produire un ouvrage méthodique, recommandable par sa précision , et concordant dans toutes ses parties.

Un an suffit à Tribonien , pour remplir une tâche qui devait être longue , difficile, et en 529, parut cette compilation , intitulée *Code de Justinien*. Cet empereur , par une constitution qu'il fit pour la confirmation de son Code , lui attribua autorité de loi en tout ce qu'il contenait , et déclara qu'il abrogeait toutes autres constitutions qui n'y auraient pas été comprises.

Un an après cette publication , l'empereur donna à *Tribonien* l'ordre de composer un recueil des plus belles décisions des anciens jurisconsultes , et le pouvoir de s'adjoindre, pour ce travail , les personnes qu'il en jugerait les plus capables. *Tribonien* choisit seize jurisconsultes des plus renommés , qui, de concert avec lui , formèrent leur recueil des décisions qui leur parurent les plus judicieuses et les plus équitables.

Ce grand œuvre , qui est entaché de fautes et qui renferme des contradictions qu'il faut attribuer, soit à l'infidélité des copistes , soit à l'extrême diligence des compositeurs, fut terminé l'an 533 , au mois de décembre, et aussitôt publié et érigé en corps de lois , par l'empereur Justinien, sous le nom de *Digeste* ou de *Pandectes*, termes dont le premier signifie *compilation rédigée avec ordre*, et le second ouvrage qui *comprend et contient tout*. Son mérite est bien supérieur à celui du *Code*, et est vraiment admirable quoiqu'on puisse y remarquer quelques imperfections.

Pendant qu'on s'occupait à composer les *Pandectes*, Justinien, afin de faciliter l'étude des lois à la jeunesse, chargea Tribonien et deux autres jurisconsultes, *Théophile* et *Dorothé*, de faire un abrégé des principes du droit et des élémens de la jurisprudence. Cette commission puisa dans les écrits des anciens jurisconsultes les matières du nouvel ouvrage, qui parut sous le nom d'*Institutes*, l'an 533, et auquel, par une constitution, l'empereur attribua force de loi.

Les *Institutes de Justinien*, dont nous allons traiter spécialement, sont divisées, de même que le *Code* et les *Pandectes*, en livres et titres ; les titres en lois, dont la première partie s'appelle *Principium*, et les autres, Paragraphes.

Quelque bonne opinion qu'eût d'abord conçue du Code, l'empereur qui l'avait fait paraître, il ne tarda pas à reconnaître qu'il contenait des superfluités, des répétitions, des lois contraires à l'usage, et l'an 534, il en publia un nouveau, qui réformait et abrogeait le premier, et qu'on appelle *Codex repetitæ prælectionis* ; de ces deux Codes, c'est le seul que nous possédions.

A ces causes de réforme, s'en joignit une autre que nous allons expliquer, en parlant de deux sectes de jurisconsultes ; la secte des *Sabiniens* et celle des *Proculéiens*, sectes qui commencèrent à s'élever sous Auguste, et se soutinrent jusqu'au règne de *Marcus Aurelius* et *Lucius Verus*. La première se trouvait surtout en opposition avec la deuxième, en ce que, dans ses réponses, elle observait de préférence le texte et la rigueur de la loi, tandis que l'autre tendait à faire fléchir les règles et les principes stricts du droit devant l'équité ; et comme il arrivait souvent que ces deux partis appuyaient leur opinion sur des raisons très-fortes, le juge embarrassé s'adressait à l'empereur pour avoir sa décision.

De cette divergence d'opinions, il surgit de si grandes et de si nombreuses difficultés, que, pour les résoudre, Justinien, en même temps que l'on composait le *Digeste*, rendit cinquante décisions qu'il crut devoir insérer dans son nouveau Code, avec quelques constitutions qui ne se trouvaient pas dans le premier, et, pour les faire concorder entr'elles, il en retrancha plusieurs, et fit aux autres quelques changemens.

Enfin, Justinien rendit dans la suite plusieurs constitutions en différens temps et sur diverses matières; on les réunit, après sa mort, au nombre de 168. Elles sont divisées en chapitres et paragraphes; et connues sous le nom de *Novelles* ou Authentiques.

Ainsi, le corps du droit romain, tel qu'il est parvenu jusqu'à nous, est composé de quatre parties : le *Code*, le *Digeste*, les *Institutes* et les *Novelles*.

LIVRE PREMIER.

TITRE PREMIER.

De la Justice et du Droit.

D. Comment définit-on la *justice*?

R. La *justice*, considérée dans son essence, et abstraction faite de son sujet, est une volonté ferme et perpétuelle d'attribuer à chacun ce qui lui appartient: *Justitia est constans et perpetua voluntas jus suum cuique tribuendi.*

D. Quelle différence y a-t-il entre la justice et l'équité?

R. L'équité diffère de la justice en ce qu'elle est conforme à la loi naturelle, tandis que la justice l'est à la loi civile et positive.

D. Qu'est-ce que la *jurisprudence*?

R. La *jurisprudence* est la *science du droit*. Justinien la définit : *la connoissance des choses divines et humaines* considérées, bien entendu, dans leur rapport avec le droit, *la science du juste et de l'injuste. Jurisprudentia est juris scientia, rerum divinarum atque humanarum notitia, justi et injusti scientia.*

D. Que doit-on entendre par *droit*?

R. Ce mot a quatre acceptions ; il signifie 1° une *règle obligatoire*, et alors il est synonyme de *loi;* 2° *une faculté accordée par la loi;* 3° *la collection des lois d'un genre déterminé,* comme le *droit civil* et le *droit prétorien; est collectio præceptorum quibus æquum ab iniquo, justum ab injusto decernatur.* Enfin il signifie *la science du droit.* C'est ainsi que l'on dit *apprendre le droit.*

D. Quels sont les préceptes du *droit?*

R. Les préceptes du *droit* se réduisent à trois : *vivre honnêtement, ne léser personne, rendre à chacun ce qui lui appartient. Tria sunt præcepta juris : honestè vivere, alterum non lædere, et jus suum cuique tribuere.*

D. Comment divise-t-on le droit en général?

R. En droit public et en droit privé.

D. Qu'entend-on par *droit public?*

R. Le *droit public* règle la *constitution de l'état* ; il fixe et détermine directement les rapports qui doivent exister entre le gouvernement et les citoyens ; il établit leurs droits et leurs devoirs respectifs, à raison de sa cause efficiente. Le droit, considéré sous ce point de vue, est *public*, lorsqu'il résulte d'une ou de plusieurs dispositions de la loi positive; et s'il prend naissance de conventions entre particuliers, il prend alors le caractère de *droit privé.*

D. Qu'est-ce que le *droit privé?*

R. Le droit privé est celui qui règle les intérêts des particuliers entr'eux. Les *Institutes* s'en occupent presque exclusivement.

D. Le *droit privé* n'a t-il pas quelques rapports avec la chose publique?

R. Oui, mais ces rapports ne sont qu'indirects.

D. En combien de parties se divise-t-il?

R. En trois parties: le droit *naturel,* le droit *des gens,* et le droit *civil.*

TITRE II.

Du Droit naturel, du Droit des gens et du Droit civil.

D. Comment Justinien définit-il le *droit naturel?*

R. Ce droit, d'après Justinien, est *celui que la nature a enseigné à tous les êtres. Jus naturale est illud quod natura omnia animalia docuit.*

Mais cette définition n'est pas juste, en ce sens que les

animaux ne sont pas capables d'un droit; tout ce qu'ils font c'est par instinct. L'homme seul a le sentiment du devoir, la conscience d'un droit; aussi les Institutes considéreront-elles le droit comme exclusivement propre au genre humain.

D. Quels sont ses effets?

R. L'union de l'homme et de la femme, la procréation et l'éducation des enfans, la défense de sa propre vie; mais cette défense, pour être équitable, ne doit s'étendre qu'autant qu'elle est nécessaire à notre conservation; c'est ce qu'expriment les auteurs par ces mots : *cum moderamine inculpatæ tutelæ.*

D. Qu'est-ce que le *droit des gens*?

R. Le *droit des gens, jus gentium quo gentes utuntur*, est propre au genre humain; il s'applique à tous les hommes, et c'est au fond le vrai droit naturel.

D. Quelle est la nature et quels sont les effets du droit des gens *primaire?*

R. Le droit *primaire*, fondé sur la raison naturelle, découle immédiatement de la constitution primitive et originaire de l'homme. Il comprend, dans son domaine, la religion, l'amour de la patrie, la piété filiale. Ainsi, sous l'empire de ce droit, l'homme a des devoirs à remplir envers Dieu, envers lui-même, et à l'égard de ses semblables.

D. Que faut-il entendre par le *droit des gens secondaire?*

R. Le *droit des gens secondaire est celui* que les peuples se sont créé en raison des usages établis parmi eux, et de leurs relations sociales. Ainsi, ce droit, à la différence du précédent, est fondé sur quelque fait ou établissement humain. De là, sont nés les droits de propriété, de guerre, de captivité, d'affranchissement, et la plupart des contrats.

D. Qu'est-ce que le *droit civil?*

R. Le *droit civil* est celui que chaque peuple se donne à lui-même, et qui est particulier aux membres d'une même cité.

L'homme vivant en société a vu chaque jour croître

et se modifier ses besoins et ses habitudes; sans parler de ses rapports avec l'étranger, ses relations se sont étendues, au sein même de sa cité; sa nation à peine formée a senti la nécessité d'assurer son existence, et pour cela de substituer le droit à la force et aux caprices des individus; elle a donc imposé des lois à ses membres pour régler leurs rapports entr'eux, leurs droits et leurs devoirs; l'ensemble de ces règles obligatoires compose ce qu'on appelle le droit civil.

D. Quelle différence y a-t-il entre le droit des gens et le droit civil?

R. Le droit des gens s'applique à tous les hommes, le droit civil aux seuls membres d'une même cité. Le premier est immuable; le second ne l'est pas, et il peut y avoir autant de droits civils différens, que l'on compte de nations distinctes et séparées; comme aussi, sans perdre leur caractère, ces droits peuvent avoir plusieurs points de communs.

D. Que comprend le droit civil des Romains?

R. Considéré en général, il comprend le droit civil proprement dit et le droit honoraire; dans le sens le plus restreint, il ne se compose que des édits des magistrats.

D. Comment se divise-t-il?

R. Sous le premier point de vue, il se divise en deux parties, le droit civil écrit et non écrit.

D. Que signifient ces mots: droit écrit et non écrit?

Le droit écrit est celui qui a un auteur certain, et résulte d'une promulgation ou déclaration expresse de la volonté législative.

D. Quelles sont les sources du droit écrit?

R. Ces sources sont au nombre de six: *la loi*, le *plébiscite*, le *sénatus-consulte*, les *volontés* du *prince* ou *constitutions*, les *édits des magistrats et les réponses des prudens*.

D. Qu'est-ce que la *loi*?

R. La loi *est un statut du peuple romain* (*populus*) sur la proposition (*interrogante*) d'un magistrat sénatorien d'un consul par exemple. *Lex est quod populus romanus senatorio magistratu interrogante constituebat.*

D. Qu'entend-on par *plébiscite?*

R. Le plébiscite est un *statut du peuple (plebis)* sur la proposition d'un magistrat plébéien, comme un tribun. *Plebiscitum est quod plebs, plebeio magistratu interrogante, sola sanciebat, et tamen populum omnem obligabat.*

D. En quoi diffèrent les mots *populus* et *plebs ?*

R. *Populus* exprime l'universalité des citoyens, sans distinction de rang ; *plebs* désigne le peuple, non compris les sénateurs et les patriciens.

D. Les plébiscites eurent-ils toujours force de loi ?

R. Comme les patriciens ne concouraient pas à leur formation, ils refusèrent d'abord de s'y soumettre ; mais depuis la loi *Hortentia*, portée l'an de Rome 465, les plébiscites furent obligatoires pour tous les citoyens, et prirent même le nom de lois.

D. Comment définit-on le *sénatus-consulte?*

R. Le *sénatus-consulte* est un décret du sénat, consulté par l'empereur, à la place du peuple qu'il fut censé représenter, depuis que le nombre des citoyens étant devenu trop considérable, pour qu'on pût les convoquer, Tibère eut transféré les comices dans le sein du sénat. *Senatûs consultum est quod senatus jubet et constituit.*

D. Quelle était l'autorité des volontés du prince, depuis que, par la loi *Regia*, le peuple romain eût transféré au prince son pouvoir?

R. La volonté de ce dernier faisait loi, quand telle était son intention, et on l'appelait alors *constitution*. Les constitutions étaient spéciales ou générales. *Principum placita sunt quidquid principibus placuit legis habeat vigorem dicunturque constitutiones.*

D. En quoi différaient-elles ?

R. Les constitutions spéciales ne s'appliquaient qu'à certaines personnes ou certaines affaires, relativement auxquelles le prince était appelé à statuer. On appelait ces constitutions *priviléges*; et, en dehors de leur objet, elles ne tiraient pas à conséquence. Les constitutions *générales* concernaient et obligeaient tous les citoyens; on en distinguait trois espèces : les *édits*, le *rescrits* et les *décrets*.

D. Faites connaître ces trois espèces de constitutions ?

R. Les *édits* sont des ordres et réglemens, que le prince établit de son propre mouvement, et qui obligent tous les citoyens. *Edictum est quod princeps proprio motu constituit, ut ab omnibus zervetur.*

Le *rescrit* est une décision du prince sur un point de droit que lui soumet un magistrat. *Rescriptum est quod princeps de jure consulentibus aut ad relationem magistratuum respondet.*

Le décret est un jugement rendu par le prince en connaissance de cause, et entre parties plaidantes. *Decretum est quod princeps inter litigantes, causâ cognitâ, constituit.*

D. Quelle idée doit-on se former des édits des magistrats ?

R. Les édits des magistrats étaient des réglemens annuels qu'ils faisaient en entrant en fonction, et d'après lesquels ils déclaraient devoir rendre la justice pendant le cours de leur administration. *Edicta magistratuum erant programmata annua, quibus magistratus, initio imperii sui, proponebant quomodo jus essent dicturi, eo anno.* L'autorité de ces édits cessait avec l'exercice du magistrat qui les avait établis.

D. Qu'entendez-vous par réponses des *prudens* ?

R. Par *réponses* des prudens on entend les opinions des anciens jurisconsultes, qui avaient le droit de fixer, par interprétation, le sens des lois. *Prudentium responsa sunt opiniones veterum jurisconsultorum quibus permissum erat de jure respondere.*

D. Tous les jurisconsultes n'avaient donc pas ce droit ?

R. Ils l'avaient tous, avant Auguste, mais cet empereur restreignit à quelques-uns d'entr'eux cette faculté

et la convertit en une faveur, qu'il fallait demander au
prince. Adrien la rétablit telle qu'elle était d'abord ;
mais il paraît que plus tard , sous les derniers empereurs, on se conforma , sur ce point, à l'arrêté d'Auguste.

D. Quelles sont les sources du *droit* non *écrit?*

R. Le droit non écrit est celui qui résulte des usages
et des coutumes , fondés sur le tacite consentement
du peuple ; consentement qu'on peut inférer d'une
longue suite de faits conformes à la raison. Mais
de ce que ce droit s'appelle non écrit , il ne faut pas
conclure qu'il changerait de nature, s'il venait à être
écrit.

D. Pourquoi Justinien a-t-il divisé le droit en droit
écrit et non écrit?

R. Pour justifier cette division , Justinien remontant
à la source du droit civil des Romains , droit qu'ils
avaient , dit-il, puisé dans les institutions d'Athènes ,
et de Lacédémone , fait observer qu'à Athènes , toutes
les lois en vigueur étaient écrites , tandis qu'à Lacédémone , on se contentait de les confier à la mémoire des
citoyens.

D. Combien d'objets considère le droit ?

R. Il en considère trois : *les personnes, les choses* et
les actions.

TITRE III.

Du Droit des personnes.

D. Quelle est la première et la principale division
des personnes ?

R. La première et la principale division des personnes est en hommes *libres* et en esclaves.

D. Que signifie , en droit , le nom *personne ?*

R. On entend par *personnes* ceux à qui la loi civile
reconnaît un état et assigne des droits ; en un mot,

ceux pour qui elle est établie : c'est en ce sens que l'on dit : *Servi statum non habent.*

D. Comment définit-on la liberté ?

R. La liberté est la faculté naturelle de faire tout ce qui plaît, excepté ce dont on est empêché par une force supérieure ou par le droit (*Libertas est naturalis facultas ejus quod cuique facere libet nisi quid vi aut jure prohibetur*).

D. Pourquoi ces mots : excepté ce dont on est empêché par la force ou par le droit ?

R. Parce que la liberté ne peut s'étendre à des choses impossibles, et que les prohibitions du droit sont réputées de ce nombre.

D. En quel sens dit-on que la liberté est une faculté naturelle ?

R. En ce sens que de leur nature tous les hommes sont libres.

D. Ne faut-il pas distinguer, quant à la liberté, le droit et l'exercice du droit ?

R. Oui ; ainsi un homme libre mis en charte privée n'en est pas moins libre de droit, quoiqu'il ne puisse exercer sa liberté, et un esclave fugitif est toujours esclave, quoiqu'il jouisse momentanément de la liberté.

D. Qu'est-ce que l'esclavage ?

R. L'esclavage est une institution du droit des gens, par laquelle un individu est soumis, en dehors des lois naturelles, à la domination absolue d'un autre.

(*Servitus est constitutio, juris gentium, quâ quis dominio alieno contrà naturam subjicitur*).

D. Par ces mots (*contrà naturam*) ne devrait-on pas entendre que l'esclavage répugne au droit naturel ?

R. Non, car c'est l'humanité même qui lui a donné naissance. Dans les premières guerres, les officiers, pour empêcher leurs soldats de massacrer les prisonniers leur permettaient de les garder (*servare*) à titre de propriété. De là les esclaves furent appelés *servi* et *assi-*

milés aux choses. On leur donna aussi le nom de
mancipia, parce qu'ils étaient tombés entre les mains et
au pouvoir de leurs ennemis.

D. De combien de manières s'établit l'esclavage?

R. De deux manières : on naît esclave, ou on le devient.

D. Comment est composée la première classe d'esclaves?

R. La première classe comprend les enfans des femmes
qui sont nos esclaves. Ils nous appartiennent comme
elles, et sont appelés *vernæ*, mot qui signifie esclaves
nés dans la maison de leur maître, et par extension,
esclaves faisant partie de son patrimoine.

D. Comment devient-on esclave?

R. On devient esclave, en vertu du droit des gens,
quand on est fait prisonnier par l'ennemi, mais il faut
que cette guerre ait été déclarée, de nation à nation,
par l'autorité compétente. On devient encore esclave,
mais en vertu du droit civil, quand on est libre, majeur, âgé de 20 ans, et qu'on se laisse vendre pour en
partager le prix.

D. Un homme libre pouvait donc se vendre?

R. Non : la *liberté* n'a pas de prix, et ne peut être
aliénée. Ainsi de pareilles ventes étaient radicalement
nulles; mais il arrivait que, souvent pour se procurer
de l'argent, un homme libre s'entendait avec un autre
qui le vendait comme esclave à une personne de bonne
foi, moyennant un prix que le vendeur touchait de l'acquéreur et dont il donnait une partie à son complice.
Le prétendu esclave faisait ensuite connaître son véritable état, et réclamait sa liberté Comme l'acheteur
ne pouvait prétendre l'avoir acquise, puisque la chose
était impossible, il se trouvait perdre à la fois et
l'homme et le prix. Pour obvier à cette fraude, le sénatus-consulte Claudien déclara, que la liberté, ainsi ven-
due, ne pouvait plus être réclamée, et que le misérable,
qui avait si honteusement abusé et trafiqué de sa liberté, serait esclave.

D. Quelles conditions étaient nécessaires pour que la servitude fût l'effet d'une pareille vente?

R. Il fallait que celui, qui se laissait vendre, connût bien son état d'homme libre, qu'il eût plus de vingt ans, et qu'enfin il eût touché une partie du prix de la vente.

D. N'y avait-il pas d'autres manières de devenir esclave?

R. Oui; les condamnés au dernier supplice, comme par exemple ceux qui étaient exposés aux bêtes, devenaient esclaves par l'effet seul et à dater de la sentence. Il en était de même de ceux condamnés aux mines à perpétuité. Ces malheureux, qui n'avaient d'autre maitre que leur supplice, s'appelaient pour cela esclaves de la peine. Enfin, si l'esclave affranchi se montrait ingrat envers son patron, il était loisible à celui-ci de le faire condamner à rentrer sous sa puissance.

D. La condition d'esclave était-elle la même pour tous?

R. Oui, il n'y avait aucune différence dans la condition des esclaves, quoique la diversité de leurs emplois rendit le sort des uns plus ou moins préférable à celui des autres. Quant aux hommes libres, la loi établit de grandes différences dans leur condition.

D. En combien de classes divise-t-on les hommes libres?

R. En deux classes; ils sont ingénus ou affranchis.

TITRE IV.

Des Ingénus.

D. Quels sont ceux qu'on appelle *ingénus*?

R. On appelle ingénue toute personne, qui est née libre, et n'a jamais été réduite à l'esclavage : peu importe que les auteurs de ses jours soient tous deux affranchis, ou bien que l'un d'eux ait la première qualité, et l'autre, la seconde. *Ingenuus is est qui statim ac natus est, liber fuit, nec justam unquàm servitutem serviit.*

D. Dans quel état un enfant naît-il libre ?

R. Il faut examiner d'abord, pour déterminer son état, s'il est issu d'un mariage civil, *matrimonio editus,* ou de toute autre union, car à Rome il y en avait plusieurs espèces qui ne produisaient pas les mêmes effets ; dans le premier cas, l'enfant suit la condition de son père, et naît toujours ingénu, puisque le mariage civil ne peut avoir lieu qu'entre citoyens libres ; dans le second cas, il suit toujours la condition de sa mère.

D. Quelle sera donc la condition de celui, qui aura pour mère une femme libre et pour père un esclave ?

R. Il sera ingénu.

D. Est-il nécessaire pour que l'enfant naisse ingénu que la mère ait toujours été libre ?

R. Non, il suffit que sa mère ait été libre, au moment de la conception, ou à celui de l'enfantement, ou même pendant sa grossesse ; et peu importe, pour l'enfant, qu'avant ou après cet instant de liberté, elle soit tombée en esclavage, mais c'est seulement en faveur de la liberté qu'on a établi cette fiction. L'enfant conçu est réputé né, toutes les fois qu'il y va de son intérêt. (*Puer conceptus pro nato habetur, quoties de commodis ejus agitur*).

D. Quelle est l'étendue de ces expressions (*quoties de commodis ejus agitur*) ?

R. Ces termes ne sont applicables que lorsqu'il est question de la liberté ; ainsi s'agit-il de savoir si l'enfant doit-être citoyen ou étranger, on n'examine alors que l'époque de la naissance.

D. Un ingénu qui se trouve, injustement et par erreur, *in servitute,* perd-il par là son ingénuité ? La perd-il aussi lorsqu'après avoir passé pour esclave, il a été affranchi ?

R. Non, un ingénu ne cesse de l'être ni dans l'un ni dans l'autre cas, et l'affranchissement, autrement dit, la manumission, n'efface point les droits que l'on tient de la naissance.

D. Dans quelle classe doit-on ranger l'ingénu devenu réellement esclave et ayant recouvré la liberté ?

R. On doit le mettre au nombre de ceux qu'on appelle affranchis.

TITRE V.

Des Affranchis.

D. Quels sont les affranchis ?

R. On appelle affranchis ceux qui sont libérés d'un esclavage légitime. *Liberti sunt qui ex verâ et justâ servitute fuerunt manumissi.*

D. De quelle manière un esclave peut il acquérir la liberté ?

R. Par manumission, et même dans certains cas que l'on peut voir au digeste (tit. : *Qui sine mamuss. etc.*), sans aucun acte d'affranchissement.

D. Que doit-on entendre par *manumission* et de quel droit dérivait-elle ?

R. La *manumission*, *id est de manu missio*, signifie libération de la puissance ; en effet les esclaves sont, comme de véritables choses, au pouvoir de leur maître, et l'affranchissement les fait sortir de ce pouvoir, que représente en général le terme symbolique *manus*. La manumission tirait son origine du droit des gens.

D. Comment avait lieu la manumission ?

R. De plusieurs manières : 1° dans *l'église*, en présence du peuple et avec l'assistance des évêques, qui signaient l'acte d'affranchissement. Ce mode fut substitué par Constantin à un autre qu'on appelait le *cens*, et qui avait lieu, quand sur l'ordre de son maître, l'esclave se présentait pour être inscrit dans le cens. 2° Par la *vindicta*, le mot *vindicta* vient, selon quel-

ques-uns, du nom d'une baguette dont se servait le
licteur, et, selon d'autres, du nom de *Vindicius*, le premier affranchi qu'il y eût à Rome devant le magistrat
compétent, avec des formes et des paroles solennelles.
5° *Entre amis*, lorsque le maître, en présence de cinq
de ses amis, donnait à son esclave la liberté par une
déclaration verbale. 4° *Par lettre*, lorsque le maître
écrivait à l'esclave qu'il l'affranchissait. Justinien exigea plus tard que la lettre fût signée par cinq témoins.
Par testament ou codicille (acte de dernière volonté);
enfin de plusieurs autres manières, comme lorsque le
maître affranchissait son esclave en présence de l'empereur, au moment où celui-ci passait pour se
rendre au bain ou au spectacle; quand le maître faisait asseoir l'esclave à sa table; ou lorsqu'il l'appelait
son fils dans un acte, etc.

D. Comment distinguait-on ces divers modes
d'affranchissement.

R. En modes solennels et modes moins solennels.

D. Quels étaient les premiers?

R. C'était le cens, l'affranchissement dans *l'église*,
la *vindicte* et le *testament*; ces modes conféraient à
l'esclave la qualité d'homme libre et de citoyen romain, *libertatem et civitatem*.

D. Quels étaient les modes moins solennels?

R. C'étaient principalement les affranchissemens
inter amicos; *per epistolam.* Ces modes ne transféraient à
l'affranchi que la liberté des Latins; c'est-à-dire tous
les droits qu'avaient ces derniers, avant la guerre appelée sociale, et qui dérivaient du droit des gens,
mais non ceux accordés par le droit civil seulement,
tels que le *jus connubii*, le droit de tester, etc.

D. Ne partageait-on pas les affranchis en plusieurs classes?

R. Oui, avant Justinien, il y en avait trois classes;
la première se composait des affranchis en vertu d'un
mode solennel. La deuxième comprenait ceux qu'on
assimilait aux Latins.

Enfin dans la troisième se trouvaient les affranchis que la loi *ælia sentia* mettait au rang des étrangers.

D. Quelle différence y avait-il entre ces affranchis?

R. Ceux de la première classe devenaient libres et citoyens romains; mais, à ce sujet, il est bon d'observer que dans l'ancien droit, on ne considérait comme réellement affranchis, que ceux dont les maîtres avaient le domaine *quiritaire*; c'est-à-dire, la propriété acquise avec toutes les conditions exigées par le droit civil; Quant aux esclaves affranchis par un maître qui n'avait que le domaine *bonitaire*, c'est-à-dire la propriété acquise conformément au droit des gens, ils étaient plutôt en liberté que réellement libres. Les affranchis de la deuxième classe, appelés Latins, avaient la liberté, sans les droits de cité; on les nommait *Latins* parce qu'ils étaient assimilés, quant à leurs droits, aux ingénus sortis autrefois de Rome, pour se fixer dans les colonies du Latium; et ils tiraient leur nom de *Juniens* de la loi *junia norbana*, qui fut portée en 772, et fixa le sort de ces affranchis, qu'auparavant on ne pouvait guère considérer comme libres, puisqu'à leur patron, ou plutôt à leur maître, appartenait tout ce qu'ils pouvaient acquérir, et qu'à leur mort ils étaient réputés n'avoir jamais cessé d'être esclaves.

D. Quel fut l'objet de la loi *ælia sentia*?

R. La loi *ælia sentia*, qui parut l'an de Rome 757, sous le consulat de S. *Ælius Catus* et de C. *Sentius Saturninus*, exigea une nouvelle condition pour la manumission. D'après cette loi, on ne pouvait être réellement affranchi, qu'après l'âge de 30 ans, ou, dans le cas contraire, avec l'autorisation d'un conseil spécial. De plus, les esclaves qui, après avoir encouru certaines punitions, telles que la marque ou la torture, venaient ensuite à être affranchis, furent assimilés, par cette loi, aux étrangers appelés *peregrini dediii*; c'est-à-dire qu'ils furent mis dans la même catégorie, que les peuples vaincus, qui s'étaient rendus à discrétion. La condition de ces derniers affranchis était irrévocablement fixée. Ils étaient les seuls qui ne pussent devenir ni citoyens, ni Latins.

D. Justinien conserva-t-il ces différentes espèces d'affranchis?

R. Non : Justinien crut devoir supprimer la première et la deuxième classe , et déclarer citoyens romains tous les affranchis.

D. Ne donna-t-il pas aussi les mêmes effets aux divers modes d'affranchissement?

R. Oui ; ainsi il n'y eut plus de différence entre les modes solennels , et les modes moins solennels.

D. Le maître en affranchissant son esclave, ne conservait-il pas sur lui quelques droits?

R. Oui ; il avait sur l'affranchi le droit de patronage , qui consistait dans le respect , les égards et les services que devait à son maître, comme à un père , l'esclave libéré de la puissance dominicale ; ainsi , par exemple, l'affranchi ne pouvait intenter contre son patron les actions dites *famosæ;* c'est-à-dire celles qui pouvaient entraîner une condamnation infamante. Il était tenu de lui rendre les services proportionnés à ses forces et à ses occupations habituelles ; s'il mourait *ab intestat* et sans enfant, le patron lui succédait.

TITRE VI.

Des personnes qui ne peuvent affranchir et pour quels motifs.

D. La loi ne restreignait elle pas la faculté qu'avaient les maîtres d'affranchir leurs esclaves?

R. Oui, les manumissions étaient, dans certains cas, prohibées par les deux lois *Ælia Sentia et Fusia Caninia.*

D. Quel était le dispositif de la loi *Ælia Sentia?*

R. Cette loi traitait en deux chapitres des manumissions; dans le premier, elle annulait les affranchissemens que ferait le maître pour frustrer ses créanciers;

mais il fallait pour la nullité de la manumission, qu'il y eût eu de la part du maître intention de leur causer un préjudice, et que les créanciers fussent réellement lésés.

D. Ces deux conditions étaient-elles toujours exigées?

R. Non, elles l'étaient seulement dans le cas où l'on donnait directement à l'esclave la liberté; mais lorsqu'elle ne lui était transférée qu'indirectement par fidéicommis, il suffisait alors pour que l'affranchissement fût nul, qu'il fît tort aux créanciers.

D. Quelles étaient les raisons de cette différence?

R. Vinnius répond que la liberté n'étant pas encore donnée, il est plus aisé de l'empêcher, que de la révoquer quand elle a été donnée directement.

D. Était-il nécessaire, pour l'application de cette loi, que le maître fût insolvable avant l'affranchissement?

R. Non, il suffisait, pour que la prohibition eût son effet, que le maître devînt insolvable, par le fait même de la manumission.

D. Dans le cas même d'insolvabilité du maître, la loi ne contenait-elle pas une exception à la prohibition qu'elle portait contre lui?

R. Oui, elle permettait au maître insolvable, d'instituer un de ses esclaves son héritier pour le cas où il n'y aurait personne qui acceptât son hérédité. Cet esclave devenait alors libre et héritier nécessaire. Justinien confirma cette exception.

D. Était-il nécessaire que le maître, en instituant un esclave son héritier nécessaire, lui conférât expressément la liberté?

R. Non, il suffisait qu'il le nommât son héritier; car alors il était censé avoir voulu lui donner en même temps la liberté sans laquelle l'institué n'aurait pu se porter héritier.

D. Pour quel motif la loi *Ælia Sentia* accordait-elle au maître cette faculté?

R. A Rome, lorsqu'un citoyen mourait insolvable et sans héritier, ses créanciers faisaient ordinairement vendre ses biens sous son nom , et par là sa mémoire se trouvait entachée. Pour lui épargner le déshonneur de figurer en cette affaire, la loi *Ælia* lui permit de se donner un de ses esclaves pour héritier nécessaire ; les créanciers avaient toujours le droit de provoquer la vente des biens, mais celle-ci ne pouvait plus avoir lieu que sous le nom de l'esclave.

D. Quel était donc le contenu du deuxième chapitre de la loi *Ælia sentia* relatif aux affranchissemens ?

R. Il interdisait au mineur de vingt ans la faculté d'affranchir les esclaves, autrement que par la vindicte, ou pour une juste cause , approuvée au préalable par le conseil.

D. Faites connaître ces causes ?

R. Il y en avait un assez grand nombre ; le mineur de 20 ans pouvait, par exemple, affranchir avec un mode quelconque son père, sa mère , son enfant , son frère ou sa sœur, son précepteur, sa nourrice ; il pouvait de même affranchir l'esclave à qui il voulait confier le soin de ses affaires, et une femme pour l'épouser ; mais alors il devait jurer qu'il la prendrait pour épouse; et le mariage devait avoir lieu dans les six mois de la manumission.

D. Quels étaient les membres du conseil ?

R. Ce conseil était composé à Rome de cinq sénateurs et d'autant de chevaliers , et dans les provinces, de vingt *recuperatores* , citoyens romains. Les *recuperatores* étaient les assesseurs, qui assistaient le gouverneur dans le jugement des procès.

D. Une fois que la cause avait été approuvée par le conseil, et que l'affranchissement avait eu lieu, pouvait-il être révoqué, lorsqu'on venait à découvrir que la cause était fausse ?

R. Non ; d'après ce principe, *res judicata*, *pro véritate habetur*.

D. Justinien ne dérogea-t-il pas à cette exception d'âge de la loi *Ælia sentia* ?

R. Oui; Justinien, en sa novelle 119, permit d'affranchir par testament, d'abord à l'âge de 17 ans révolus, ensuite à l'âge de 14 ans pour les hommes, et de 12 ans pour les femmes.

D. Quels furent les motifs qui le portèrent à diminuer l'âge requis pour pouvoir affranchir?

R. Justinien trouva déraisonnable qu'on pût tester à 14 ans, instituer un héritier, laisser des legs; en un mot disposer de tous ses biens, et qu'on n'eût pas la faculté d'affranchir un esclave. Il n'y avait là pourtant rien de contradictoire, car l'aliénation et la transmission d'un esclave, n'ont rien de commun avec son affranchissement. Du reste, Justinien ne permit d'abord d'affranchir qu'à 17 ans; ensuite, plus conséquent avec lui-même, il permit de le faire dès qu'on pourrait tester.

TITRE VII.

De l'abrogation de la loi Fusia Caninia.

D. Quel était le dispositif de la loi *fusia caninia*?

R. La loi *Fusia Caninia* parut l'an de Rome 752, sous le consulat de *Fusius* et de *Caninius*. A cette époque, Rome était inondée d'une foule d'affranchis; on devait surtout en attribuer la cause à la faculté qu'avaient les testateurs d'affranchir tous leurs esclaves; faculté, dont ils usaient d'autant plus largement, que la libéralité qui s'en suivait, n'avait d'effet qu'après leur mort, tandis qu'au contraire, l'état en souffrait, parce que ces nombreux affranchissemens testamentaires faisaient entrer dans son sein des hommes, indignes pour la plupart de la liberté. Aussi la loi *Fusia Caninia* crut-elle devoir, dans l'intérêt public, restreindre cette faculté des testateurs, et elle régla le nombre des manumissions qu'on pourrait faire par testament, sur celui des esclaves qu'on aurait en sa puissance, de manière toutefois qu'on ne pût jamais en affranchir plus de cent; elle voulut aussi que les esclaves fussent affranchis nominativement.

D. Justinien laissa-t-il subsister cette loi ?

R. Non, il l'abrogea par le motif, qu'il croyait inhumain d'enlever aux mourans l'exercice d'un droit, dont ils avaient eu, pendant leur vie, l'entière disposition.

TITRE VIII.

De ceux qui dépendent ou d'eux-mêmes ou d'autrui.

D. Quelle est la seconde division des personnes?

R. Les personnes se divisent en ceux qui dépendent d'eux-mêmes, *sui juris*, ou d'autrui, *alieni juris*.

D. La première classe *sui juris*, ne se divise-t-elle pas?

R. Oui ; dans cette classe, on distingue ceux qui sont sous la domination d'un maître, des personnes soumises à la puissance paternelle.

D. Comment appelle-t-on ceux qui sont sous la puissance d'un maître ?

R. On les appelle esclaves, *servi*.

D. Quelle est l'étendue de la puissance d'un maître ?

R. La puissance d'un maître, qui dérive du droit des gens, est le droit d'user et d'abuser de ses esclaves, autant que le permet le bon droit. *Dominica potestas est jus utendi et abutendi servis, quatenùs juris ratio patitur.*

D. Que comprend le *jus utendi* ?

R. Le droit d'user donne au maître, celui d'exiger de l'esclave ses services, et il le rend propriétaire de toutes les acquisitions de l'esclave.

D. Que comprend le *jus abutendi* ?

R. En vertu de ce droit, le maître peut aliéner l'esclave, qui est considéré comme sa chose ; et même, autrefois il pouvait le mettre à mort ; mais ce droit exorbitant fut restreint plus tard, et réduit enfin à une correction modérée.

4

D. Quels furent les adoucissemens apportés par l'empereur Antonin, au sort des esclaves?

R. Antonin ordonna, par une constitution, de traiter comme meurtrier le maître qui, sans motif légitime, tuerait son esclave. Et même si, sans donner la mort, il le traitait avec trop de cruauté, il pouvait être forcé par les magistrats, chargés d'informer sur les plaintes des esclaves, à le vendre à juste prix, c'est-à-dire à des conditions avantageuses et pour lui, et pour l'esclave.

D. Comment entendez-vous ces conditions?

R. En ce sens que le maître ne pouvait, par exemple, ni être forcé de vendre l'esclave au-dessous de sa valeur, ni imposer à l'acquéreur des obligations préjudiciables à l'esclave, comme celle de le transférer dans un climat trop rigoureux.

TITRE IX.

De la puissance paternelle.

D. Comment définit-on la puissance paternelle?

R. La puissance *paternelle* doit être définie différemment, selon qu'on la considère, comme dérivant purement du droit naturel, ou comme une institution du droit civil. Sous le premier point de vue, la puissance paternelle est l'ensemble des droits que la nature donne aux père et mère sur leurs enfans; en droit civil, on la définit : le droit *accordé aux ascendants paternels du sexe masculin, sui juris, sur leurs descendants, issus de justes nôces. Potestas patria est jus parentibus paternis, virilis sexûs, sui juris, in liberos justè quæsitos, legibus concessum.* Ce droit est propre aux citoyens romains.

D. Ne pouvait-on pas contracter, à Rome, plusieurs espèces de mariages légitimes?

R. Oui, mais le mariage par excellence, le seul dont il pût naître des enfans soumis à la puissance paternelle, s'appelait *nuptiæ* ou *matrimonium.*

D. Quels étaient les effets de la puissance paternelle des Romains ?

R. La puissance paternelle conférait deux droits principaux : 1° Elle fesait du fils la chose du père, à qui elle donnait la propriété de tout ce que son enfant pouvait acquérir, et même, dans le principe, elle lui avait accordé sur ce dernier, le droit de vie et de mort, qui fut restreint, dans la suite, à un châtiment modéré. Dans l'ancien droit, le père pouvait encore vendre et exposer ses enfans ; 2° la puissance paternelle avait pour effet, de faire considérer le père et le fils comme une seule personne ; aussi ne pouvait-il s'élever entre eux aucune action, ni obligation civile, et à la mort du père, le fils n'acquerait pas une nouvelle propriété, mais la continuait, sauf le cas d'exhérédation.

D. Qu'entend-on par *nuptiæ* ?

R. Ce mot désigne une union contractée par l'homme et la femme, conformément à la loi et dans le but d'une communauté indivisible. *Nuptiæ vel matrimonium est viri et mulieris conjunctio, individuam vitæ consuetudinem continens.*

D. Expliquez ces mots *individuam vitæ consuetudinem* ?

R. Par *consuetudinem* on entend, une communauté de vie qui s'étend, pour les époux, au domicile, aux honneurs, mais non aux biens ; car, en droit romain, les biens n'étaient point communs entre les époux, à moins d'une stipulation particulière.

D. Que signifie le mot *individuam* ?

R. Certains auteurs, au lieu de le rendre par *indivisible*, traduisent ce mot par *indissoluble*. Ce dernier caractère convient au *matrimonium* comme à tout autre espèce d'union légitime ; mais le mot indivisible caractérise seul le mariage appelé *nuptiæ* ; il lui est propre, en ce sens que les époux, appelés *vir et uxor*, vivent dans une égalité parfaite de condition, et sont réciproquement assimilés, quant au droit divin et humain ; *consortium omnis vitæ, divini atque humani juris communicatio.*

D. Quelles sont les personnes soumises au pouvoir des ascendans?

R. Un ascendant a sous sa puissance les enfans, qui naissent de lui et de son épouse, *uxore*, de même que ceux de son fils, issus d'un mariage légitime, mais non les enfans de sa fille, quand ces derniers sont de la famille et sous la dépendance de leur père.

D. Le droit de puissance paternelle, qui rendait celui qui en était investi, seul maître de la famille et de tout ce qu'elle pouvait acquérir, ne subit-il pas dans la suite quelques restrictions?

R. Oui, les fils de famille avaient la propriété de certaines acquisitions qu'ils fesaient; tels étaient les *pécules castrense* et *quasi castrense*; quant à ceux appelés *profectice* et *adventice*, ils avaient l'administration des premiers, et la nue propriété des autres; il sera traité de ces différents pécules au titre, *Per quas personas nobis acquiritur* : *Par quelles personnes on peut acquérir.* Voyez le livre II, titre IX.

D. De combien de manières s'établit ce pouvoir?

R. De l'une de ces trois manières : par les *noces*, la *légitimation* ou *l'adoption.*

TITRE X.

Des Noces.

D. Quelles étaient les conditions nécessaires à la validité des noces?

R. Pour contracter un pareil mariage, il fallait que les futurs époux fussent citoyens romains et pubères; qu'ils joignissent, à leur consentement réciproque, celui des ascendans, sous la puissance desquels ils se trouvaient; enfin que le *Jus connubii* leur appartint, c'est-à-dire qu'il n'y eût aucun empêchement aux noces.

D. Expliquez ces conditions?

R. 1° Les noces ne pouvaient avoir lieu qu'entre

citoyens, non que le mariage fût regardé chez les Romains comme un contrat de pur droit civil, puisqu'il n'était pas dissous par la déportation, peine emportant la privation de tous les droits civils, mais parce que la loi avait soumis cette union à des règles spéciales, et y avait attaché des effets particuliers ;

2° Il fallait être *pubère*, c'est-à-dire capable d'engendrer, afin de pouvoir remplir le but primitif du mariage ; cependant le droit ne reconnaissait qu'une seule classe d'impuissans, celle des castrats. Quant à l'âge, auquel on devait être présumé pubère, il s'était élevé deux systèmes parmi les jurisconsultes ; les uns, qu'on appelait *Sabiniens*, jugeaient de la puberté, *habita corporis* ; les autres, connus sous le nom des *Proculéciens*, la réputaient exister à un âge déterminé. *Justinien* admit ce dernier système, plus conforme à la décence et soulevant moins de difficultés ; en conséquence, il fixa la puberté à l'âge de quatorze ans, pour les hommes, et de douze pour les femmes ;

5° Le *consentement* des parties était nécessaire pour contracter mariage, comme pour la formation de tout autre contrat ; il devait être formel, libre, exempt d'erreur sur la personne naturelle ou civile de l'individu ; de plus, on exigeait, pour deux raisons, le consentement des ascendans, sous la puissance desquels se trouvaient les contractans, il fallait aussi celui des pères, sous la puissance desquels les futurs époux pouvaient retomber à la mort de l'aïeul, d'abord parce que les enfans étaient la chose du père, ensuite pour éviter à l'ascendant le désagrément d'avoir un héritier *sien*, malgré lui. Mais cette dernière raison ne peut être bien comprise qu'au titre où il s'agit des différentes classes d'héritier. Au reste, elle n'existait pas pour la petite-fille, dont les enfans ne se trouvaient pas sous la puissance de leur aïeul, ou autre ascendant plus éloigné. Le fils émancipé et l'enfant naturel non légitimé, n'étant sous la puissance de personne, n'avaient besoin, pour se marier, d'aucun consentement ; enfin, le consentement des ascendans pouvait être exprès ou tacite, mais il fallait toujours qu'il précédât le mariage.

4° Les contractans devaient avoir le *jus connubii*, c'est-à-dire le droit de prendre une épouse qui portât le titre d'*uxor*.

D. Quelles étaient les autres espèces d'union?

R. C'étaient le *matrimonium*, le *concubinatus*, le *contubernium* et le *pellicatus*.

Le *matrimonium* désignait le mariage, fait conformément aux lois du pays, où il était célébré. Par *nuptiæ*, on entendait le mariage contracté d'après toutes les dispositions du droit civil; ainsi ce mot comprenait le *matrimonium* et servait quelquefois à le désigner.

Le *concubinatus* était l'union de deux célibataires, union autorisée par les lois, et produisant des effets civils.

D. Quelle différence y avait-il entre le *concubinatus* et les justes noces?

R. L'épouse légitime occupait un rang plus élevé que l'épouse par concubinat; les justes noces se dissolvaient par le divorce; le concubinat, par la déclaration de la volonté des parties; enfin, les enfans, nés de cette dernière union, suivaient la condition de la mère comme enfans naturels, et pouvaient être légitimés; du reste, même âge, mêmes prohibitions, y comprise la polygamie, mêmes motifs de dissolution que pour les justes noces.

Le *contubernium* désignait l'union de deux esclaves ou d'un esclave avec une personne libre; les conjoints ne pouvaient porter le titre d'époux; ils s'appelaient *contubernales;* cette union ne produisait aucun effet civil; enfin le *pellicatus* était, chez les Romains, ce que nous appelons concubinage, l'union d'un individu marié avec tout autre que son épouse. Le *pellicatus* était sévèrement proscrit; les enfans, qui en naissaient ne s'appelaient pas *naturales,* mais *spurii*.

D. En réunissant les conditions ci-dessus exigées, pouvait-on contracter les justes noces?

R. Oui, en général, mais il y avait certaines personnes que l'on ne pouvait épouser.

D. D'où naissaient ces sortes d'empêchemens ?

R. De six sources : la parenté, l'alliance, l'honnêteté, la dignité, le pouvoir et le crime.

D. Comment se divise la parenté?

R. En cognation ou parenté naturelle, et en agnation ou parenté civile.

D. Qu'est-ce que la parenté purement naturelle ?

R. C'est un lien du sang, qui unit deux frères issus d'un mariage quelconque.

D. Qu'est-ce que la parenté civile ?

R. La parenté civile est un lien de famille et du sang : ce lien existe entre l'adoptant et sa fille adoptive, ou entre deux frères adoptifs.

D. Que distingue-t-on dans la parenté?

R. Deux choses : la *ligne* et le *degré*.

D. Qu'entend-on par *ligne*?

R. La *ligne* est la série des parens, une suite, un ordre de générations. *Linea est ordo seu series cognatarum.*

D. Combien y a-t-il de sortes de lignes ?

R. Il en est deux : la ligne directe et la ligne collatérale.

D. Qu'est-ce que la ligne directe?

R. La ligne directe est la série des parens, qui descendent les uns des autres? Elle comprend les ascendans et les descendans; ainsi, l'aïeul et son petit-fils sont parens en ligne directe.

D. Qu'est-ce que la ligne collatérale?

R. La ligne collatérale est la série des parens qui, sans descendre les uns des autres, ont un auteur commun : par exemple, deux frères, l'oncle et le neveu, sont des parens collatéraux.

D. Qu'est-ce que le degré ?

R. Le degré est la distance qui sépare deux parens; *gradus est distantia unius cognati ab altero.* On s'est servi de ce mot *degré* par analogie; car les degrés d'une échelle représentent très bien la place qu'occupent les parens d'une ligne.

D. Comment compte-t-on les degrés ?

R. De deux manières :

1° En *ligne directe*, chaque génération fait *un degré*; et deux personnes sont *au 2ᵉ ou 3ᵉ degré*, selon qu'elles sont séparées l'une de l'autre par deux ou trois générations. Les personnes qui occupent, dans cette ligne, les degrés supérieurs, sont les ascendans de ceux qui se trouvent placés à des degrés inférieurs, et qu'on appelle descendans ;

2° En *collatérale*; les degrés de parenté sont exprimés par la somme des générations qui séparent chacun des deux parens de l'auteur commun ; ainsi, deux cousins-germains ont pour auteur commun leur grand père, avec lequel chacun d'eux est parent au 2ᵉ degré, et, par conséquent, ils le sont entre eux au 4ᵉ.

On voit d'après cela, que, dans les deux lignes, on compte les degrés par générations.

D. Quels étaient les empêchemens au mariage, qui résultaient de la parenté ?

R. En ligne directe, le mariage était prohibé à tous les degrés indéfiniment ; en collatérale, il l'était entre le frère et la sœur, l'oncle et la nièce, le neveu et la tante : même prohibition entre le grand oncle et sa petite nièce, la grande tante et son petit neveu, quoique ces personnes fussent au 4ᵉ degré, parce que le frère ou la sœur représentait l'auteur commun pour les autres descendans.

D. Les cousins, autrement dits les enfans de deux frères ou de deux sœurs, ou d'un frère et d'une sœur, pouvaient-ils contracter les justes noces ?

R. Oui, la loi leur permettait de s'unir.

D. L'empêchement qui résultait de la parenté purement civile pouvait-il cesser ?

R. Oui; ainsi mon fils pouvait épouser sa sœur adoptive, du moment que celle-ci ne faisait plus partie de ma famille, parce que, par exemple, l'adoption avait été dissoute par l'émancipation.

D. En résumé, quels étaient les empêchemens provenant de la parenté ?

R. La parenté directe empêchait les noces à l'infini ;

la parenté collatérale, également à l'infini, lorsque les
parens ou l'un d'eux étaient, au premier degré, de la
souche commune ; si non, la prohibition ne s'étendait
pas au delà du 3ᵉ degré.

D. Qu'est-ce que l'alliance ?

R. L'alliance ou affinité est un lien, formé par le mariage entre chacun des conjoints, et les parens de
l'autre.

D. A quelle époque était-il utile de considérer
les empêchemens résultant de l'alliance ?

R. Après la dissolution du mariage ; car, pendant sa
durée, les époux étaient dans une incapacité absolue
de contracter une nouvelle union.

D. Quels étaient ces empêchemens ?

R. On ne pouvait épouser sa belle-fille, autrement
dit, la fille de sa femme (*privignam*), ni la veuve de son
fils (*nurum*), que l'on appelle ordinairement sa bru.
Par respect pour l'alliance, il était encore défendu d'é-
pouser sa belle-mère (*socrum*), et sa marâtre (*novercam*).

D. Le mariage était-il prohibé entre le beau-frère
et la belle-sœur ?

R. Dans l'ancien droit, ces mariages étaient permis ;
mais ils furent défendus sous les empereurs chrétiens,
et Justinien maintint cette prohibition.

D. La parenté servile formait-elle un empêchement aux noces ?

R. Oui, mais cela ne pouvait avoir lieu qu'après
l'affranchissement.

D. Quelles étaient les prohibitions fondées sur
l'honnêteté publique ?

R. On ne pouvait épouser sa fille adoptive, même
émancipée, ou la veuve de son fils (*nurum*), ni la fille
que sa première épouse avait, lors du deuxième mariage, (*privignam*) (*quia utræque filiarum loco sunt*). Le
mariage était encore prohibé entre un beau-fils et la
femme de son père (*novercam*) ou de l'un de ses
aïeuls, bisaïeuls, entre un gendre et la mère de sa
femme (*socrum*), ou les grand' mère, arrière grand'
mère de celle-ci, *quia matris loco sunt ;* enfin entre la

patrone et l'affranchi, mais non entre un patron et son affranchie.

D. Quels étaient les empêchemens fondés sur des considérations de dignité ou de pouvoir ?

R. Un sénateur ne pouvait épouser une affranchie, une comédienne, une femme prostituée ; un gouverneur de province, ou son fils, ne pouvait se marier avec une provinciale ; un tuteur avec son pupille ; un curateur avec la femme qu'il avait en curatelle.

D. Quels empêchemens produisait le crime ?

R. Le rapt formait un empêchement au mariage, entre les personnes qui en étaient les auteurs ou l'objet, quand même la femme y aurait consenti. La femme coupable d'adultère ne pouvait, du vivant de son mari, contracter un autre mariage, quoique le divorce eût été prononcé.

D. Qu'arrivait-il dans le cas où deux personnes se mariaient, contrairement aux prohibitions ci-dessus mentionnées ?

R. Il n'y avait ni époux, ni épouse *nec vir, nec uxor*, ni noces, ni mariage, ni dot ; ceux qui naissaient de ces unions illégitimes n'entraient pas dans la famille de leur père. A la dissolution d'une telle union, on ne pouvait exiger ni dot, ni donation pour cause de dot.

D. Les personnes, qui contrevenaient ainsi à la loi, n'encouraient-elles aucune peine ?

R. Elles étaient passibles de certaines peines, fixées par plusieurs constitutions.

D. Ne pouvait-il pas arriver qu'un enfant, qui, à sa naissance, n'était pas sous la puissance de son père, y tombât plus tard ?

R. Oui, cet effet pouvait avoir lieu de différentes manières.

1° Par *oblation* de l'enfant à la curie, pour qu'on l'inscrivît parmi les membres qui étaient au nombre de 10, et appelés *curiales* ou *decuriones*. Ces places, que l'on brigua d'abord, cessèrent d'être recherchées du moment qu'elles imposèrent à ceux qui en étaient investis plusieurs charges, telles que la responsabilité de la levée des impôts, les frais que pouvaient occasioner les divertissemens à donner au peuple, et les réparations ou constructions des édifices publics.

2° Par *légitimation*, c'est-à-dire par le mariage subséquent de sa mère avec l'auteur de ses jours, pourvu qu'il fût dressé un acte appelé *dotale* ou *nuptiale instrumentum*, et destiné à constater le mariage.

3° Par un *rescrit* du prince, lorsque, sur une supplique du père, il déclarait l'enfant légitime.

4° Par *testament*, lorsque le père de l'enfant naturel déclarait, dans cet acte de dernière volonté, qu'il voulait l'avoir pour successeur légitime, et que le prince confirmait cette disposition.

D. Que doit-on entendre par légitimation ?

R. La *légitimation* est un acte par lequel des enfans naturels, *vulgo quæsiti*, deviennent légitimes ; *legitimatio est actus quo liberi meræ naturales fiunt legitimi*.

D. Pouvait-on légitimer tous les enfans naturels ?

R. Non, on ne pouvait légitimer les enfans adultérins ou incestueux.

D. Quels étaient les effets des justes noces ?

R. Les justes noces donnaient aux conjoints, le titre d'époux et d'épouse, *vir* et *uxor*. Elles constituaient une dot et une donation dite *propter nuptias* ; elles mettaient les enfans qui en naissaient sous la puissance du père, dont ils étaient héritiers siens ; enfin elles légitimaient certains enfans naturels dits *Vulgo quæsiti*.

TITRE XI.

Des Adoptions.

D. Ne pouvait-on avoir sous sa puissance que des enfans légitimes ou légitimés ?

R. On avait encore sous sa puissance les enfans qu'on adoptait.

D. Qu'était-ce que l'*adoption* ?

R. L'adoption était un acte *légitime* qui, à l'imitation, et à défaut de la nature, transférait à une personne du sexe masculin ou féminin, le titre de descendant d'un autre, au premier ou au deuxième degré. *Adoptio est actus legitimus, naturam imitans, quo quis alterius filius fit, vel nepos, qui naturâ talis non est.*

D. Que signifient ces mots *actus legitimus* ?

R. Ils signifient que les absens ne pouvaient adopter, et que cet acte n'avait jamais lieu qu'entre citoyens romains.

D. Dans quel sens faut-il entendre ces mots, *imitans naturam* ?

R. Il ne faut pas donner à ces mots un sens trop absolu. En certains points seulement, l'adoption était assimilée à la nature ; ainsi, par exemple, l'adoptant devait être de plus âgé de dix-sept ans, au moins, que celui qu'il voulait adopter pour son fils. Par ces mêmes mots *imitans naturam*, les castrats se trouvaient privés du droit d'adopter, mais dans la suite l'empereur Léon le leur permit. Du reste, pour avoir le droit d'adopter, il n'était pas nécessaire que l'on fût marié. Enfin, comme on ne peut pas être sous condition ou pour un tems l'enfant de quelqu'un, ces deux manières d'adopter furent naturellement interdites.

D. Ces termes de la définition *filius vel nepos*, étaient-ils exclusivement propres à la ligne des descendants ?

R. Oui, ainsi l'on ne pouvait adopter autrement ; par exemple, en qualité de frère ou de sœur.

D. Pouvait-on adopter le fils d'un autre, en qualité de petit-fils *et vice versâ* ?

R. Oui, l'adoptant avait cette faculté.

D. Comment se fesait l'adoption ?

R. L'adoption proprement dite, qui était une translation du droit de puissance paternelle, se fesait d'abord, par une ou plusieurs sortes de ventes, accompagnées d'une tradition solennelle, et appelées mancipations. Comme le père de famille ne pouvait vendre

qu'une fois sa fille ou son petit-fils, une seule mancipation suffisait, pour transférer sa puissance à l'adoptant ; mais à l'égard du fils il fallait trois ventes successives. Justinien se contenta d'une simple déclaration, faite devant le magistrat compétent, en présence
et du consentement, tant des deux pères, que de l'a-
dopté.

D. Combien y avait-il d'espèces d'adoption ?

R. On en comptait deux : l'adoption proprement
dite, dont nous venons de parler, et l'adrogation.

D. Comment définit-on l'adrogation ?

R. Un acte en vertu duquel un père de famille, d'a-
bord par l'autorité du peuple, ensuite par celle du prince, se donnait lui-même à un autre en adoption. *Adro-
gatio est actus, quo pater familias auctoritate quondam
populi, hodiè principis, se ipsum dat alteri in adop-
tionem.*

D. Comment avait lieu *l'adrogation ?*

R. L'adrogation, ainsi appelée, parce qu'elle ne pouvait se faire qu'en vertu d'une loi spéciale, dont la
présentation aux comices se nommait *rogatio*, n'eut
ensuite besoin que de l'autorisation de l'empereur,
dès qu'il fut investi du pouvoir législatif ; aussi, dit le
texte, l'adrogation a lieu *ex principali rescripto*, tandis que l'adoption se fait *imperio magistratûs.*

D. Un père de famille *impubère* pouvait-il se donner en adrogation ?

R. Il n'en eut pas toujours le droit, avant Antonin le
Pieux ; mais cet empereur lui assura cette faculté, que
lui conserva Justinien.

D. Les femmes pouvaient-elles être adrogées ?

R. Non, cette adrogation ne fut jamais permise.

D. Quels étaient les effets de l'adrogation ?

R. L'adrogé conférait à l'adrogeant le droit de puissance paternelle, et passait dans la famille de ce dernier, avec tous ses enfans et ses biens, sous deux conditions :

1° L'adrogeant devait s'engager envers un officier
public, *personæ publicæ*, qui représentait les héritiers,

à rendre tous les biens de l'adrogé dans le cas où ce dernier mourrait *impubère*, à ceux qui les auraient recueillis, s'il n'y avait pas eu d'adrogation.

2° l'adrogeant était tenu de rendre à l'adrogé, qu'il émancipait ou déshéritait sans un juste motif, tous les biens qu'il aurait reçus du chef de celui-ci, et de plus, à lui donner le quart de ses propres biens, ce qu'on appelait *quarte Antonine, quarta Antonina.*

D. Quelles étaient les principales différences entre l'adoption et l'adrogation ?

R. On pouvait adopter toute personne, soumise à la puissance paternelle, quel que fût son âge et son sexe; les femmes ne purent jamais être adrogées, et dans le principe, les impubères n'en avaient pas le droit.

L'adrogé sortait de sa famille, pour entrer avec ses enfans et ses biens dans celle de l'adrogeant ; l'adopté, dans l'ancien droit, passait aussi sous la puissance de l'adoptant, mais avec cette différence qu'il n'avait ni enfans ni biens, à mettre au pouvoir de ce dernier. De plus, Justinien ordonna par une constitution, que si l'adoptant était tout autre qu'un ascendant de l'adopté, celui-ci ne sortirait pas de sa famille naturelle, et n'en serait pas moins héritier sien de *son père* adoptif, dans le cas où celui-ci mourrait *ab intestat*, c'est-à-dire, sans avoir fait de testament.

D. Pour quelle raison Justinien dérogea-t-il à l'ancien droit?

R. Pour assurer l'avenir de l'adopté, car il arrivait souvent qu'après être sorti de sa famille, pour passer dans celle de l'adoptant, il était émancipé, ou déshérité par son père adoptif, à la succession duquel il n'avait alors aucun droit; ce qui était pour lui d'autant plus malheureux, qu'il ne pouvait réclamer sa part dans les biens laissés par son père naturel, dont il avait cessé d'être héritier sien, par l'effet immédiat de l'adoption.

D. Quel lien l'adoption, et l'adrogation formaient-elles?

R. Il s'établissait entre l'adoptant et l'adopté, une

parenté fictive, dont les effets étaient les mêmes que ceux d'une parenté réelle, et s'appliquaient d'une part à l'adopté, de l'autre, à l'adoptant, et à tous les parens de celui ci, qui n'étaient pas sortis de sa famille ; à leur égard, l'enfant adoptif était assimilé aux enfans que l'adoptant aurait eus *ex justis nuptiis* ; mais le lien de famille, venant à être rompu par l'émancipation, l'adopté n'était plus qu'un étranger, *extraneus*, pour sa famille adoptive.

L'adrogation produisait les mêmes effets.

TITRE XII.

Manières dont se dissout le droit de puissance paternelle.

D. De quelle manière se dissolvait le droit de puissance paternelle ?

R. Par la mort, la déportation dans une île, l'esclavage de la peine, ou tout autre, s'il était légitime, la captivité sans retour, l'émancipation, et l'adoption faite par un ascendant ; en un mot, par la grande et la moyenne diminution de tête, subie par le père, on le fils de famille, puisque l'une et l'autre enlevaient les droits de cité.

D. De quelles manières se fesait l'émancipation ?

R. De trois manières : 1° On employait autrefois pour le fils trois mancipations, sortes de ventes solennelles, suivies d'autant d'affranchissemens ; mais, au lieu de faire lui-même le dernier affranchissement, l'acquéreur rémancipait au vendeur l'enfant que celui-ci avait mancipé trois fois ; par suite de ce rachat, le père se trouvant acquéreur étranger, affranchissait lui-même son enfant, et devenait son patron.

Si, au lieu d'un fils, il s'agissait d'émanciper une fille, on tout autre descendant, il suffisait d'une vente suivie d'un seul affranchissement.

2° L'émancipation pouvait avoir lieu dans les formes, tracées par l'empereur Anastase, qui exigeait seulement que l'ascendant lui adressât sa demande, avec le consentement de l'enfant qu'il voulait émanciper; l'empereur prononçait l'émancipation par un rescrit, qui devait être déposé devant le magistrat compétent.

3° Enfin, Justinien simplifia encore davantage le mode d'émancipation; il ordonna que le père, pour émanciper son enfant, n'aurait qu'à se présenter directement devant le juge, ou le magistrat compétent, et à lui déclarer sa volonté de se démettre de la puissance paternelle.

D. Quelle différence y avait-il entre les deux premiers modes?

R. Dans le premier, l'absence de l'enfant rendait impossible l'émancipation, ce qui n'avait pas lieu dans second mode.

D. N'y avait-il pas aussi d'autres cas, où le père de famille cessait d'avoir son enfant sous sa puissance?

R. Oui, lorsqu'il avait exposé son fils, prostitué sa fille, ou quand il contractait un mariage incestueux; dans ce dernier cas; il ne gardait sous sa puissance aucun de ses enfans, qu'ils fussent légitimes ou non.

D. De quelle autre manière le fils sortait-il de la puissance paternelle?

R. Par son élévation à la dignité de patricien.

D. L'état de fils de famille n'était-il pas quelquefois incertain?

R. Oui, lorsque l'ascendant, qui avait son fils en sa puissance, était pris par l'ennemi, il arrivait, en vertu du droit de *postliminium*, que le prisonnier, s'il avait le bonheur d'effectuer son retour, était censé n'avoir jamais été pris, et par conséquent, n'avoir pas perdu les droits de cité. Ainsi, il continuait d'avoir ses enfans sous sa puissance; mais s'il restait chez l'ennemi, et qu'il y mourût, on regardait son fils comme étant libre de la puissance paternelle, du moment où son père avait été fait prisonnier. Le droit de *postliminium* s'appliquait aussi à la captivité du fils de famille.

D. Le fils, en sortant de la puissance paternelle, devenait-il toujours *sui juris?*

R. Non. lorsque, par exemple, on le donnait en adoption à un ascendant.

D. Quelle différence y avait-il, quant au droit de puissance paternelle, entre la mort du fils et celle du père de famille?

R. La mort du père de famille libérait de sa puissance, tous ceux qui y étaient soumis; la mort du fils de famille, au contraire, ne dissolvait le droit de puissance paternelle, que par rapport à lui.

D. Tous les fils de famille devenaient-ils *sui juris*, par la mort du père de famille ?

R. Ses fils et filles le devenaient toujours, mais il n'en était pas de même des petits-fils et petites-filles, qui ne devenaient *sui juris*, que lorsqu'à la mort de l'aïeul, leur père était prédécédé, ou était sorti de la famille, d'une manière quelconque.

D. Le père de famille, en émancipant son fils, ne conservait-il pas quelques droits?

R. Oui, il avait sur les biens de l'émancipé, les mêmes droits qu'un patron sur ceux d'un affranchi; en outre, si l'émancipé était impubère, le père de famille en devenait tuteur par le fait même de la manumission.

D. L'ascendant, qui a sous sa puissance un fils et les enfans de ce dernier, ne peut-il pas émanciper ce fils, et retenir ses petits-fils ou petites-filles sous sa puissance ?

R. Oui, et l'alternative peut avoir lieu, comme aussi il est libre à l'ascendant de les émanciper tous.

D. Si vous émancipez votre fils, au moment où sa femme est enceinte, l'enfant qui en naît se trouve-t-il sous votre puissance?

R. Oui, et s'il a été conçu après l'émancipation on

l'adoption de son père, il est sous la puissance de ce dernier.

D. Les enfans pouvaient-ils forcer leur père à les émanciper ?

R. Ils ne le pouvaient pas ; excepté pourtant l'impubère, donné en adrogation, et qui démontrait que l'adrogation ne lui était pas avantageuse ; les enfans qui étaient maltraités par leur père, et la fille qu'il voulait prostituer malgré elle.

TITRE XIII.

Des Tutelles.

D. Après avoir divisé les personnes en personnes *sui juris* et *alieni juris*, Justinien n'établit-il pas une autre division ?

R. Oui, il divise les personnes *sui juris* en trois classes, comprenant, l'une, ceux qui sont en tutelle, l'autre, ceux qui sont en curatelle, la troisième enfin, toutes les personnes *sui juris*, ne pouvant entrer dans aucune des deux premières classes.

D. Qu'est-ce que la *tutelle ?*

R. La *tutelle* est le pouvoir que donne ou permet la loi civile, sur une tête libre, pour protéger celui qui, à raison de son âge, ne peut se défendre lui-même.

» *Est tutela, vis ac potestas in capite libero, ad tuendum eum qui, propter ætatem, se ipse defendere nequit, jure civili dato ac permisso.*

D. Que signifient ces mots *donne* ou *permet ?*

R. Ils signifient qu'il y a plusieurs espèces de tutelles.

D. Quel est le sens de ces termes *ad tuendum ?*

R. Ils indiquent que la tutelle, à la différence de la puissance paternelle, est toute dans l'intérêt du pupille.

D. Combien y a-t-il de tutelles ?

R. Il y en a trois : la tutelle *testamentaire*, la tutelle *légitime*, et la tutelle *dative*.

D. Quels sont ceux qu'on appelle tuteurs ?

R. Les tuteurs sont les personnes, qui exercent le pouvoir dit *tutela*, et c'est de la, qu'ils ont tiré leur nom; on les appelle *tutores* parcequ'ils sont les soutiens, *tuitores* les défenseurs des pupilles, de même qu'on appelle *æditui*, ceux qui sont chargés du soin de veiller à la conservation des édifices, *ædes*.

D. Quelles sont les personnes soumises à la tutelle ?

R. Ce sont les pères de famille impubères; on les appelles *pupilles*; passé l'âge de puberté, et avant qu'ils aient vingt-cinq ans révolus, ils se nomment mineurs, *minores seu adulti*; au-delà de cet âge, ils prennent le nom de majeurs, *majores*.

D. Qu'est-ce que la tutelle *testamentaire?*

R. La tutelle *testamentaire* est celle, que déférait, d'après la loi des douze tables, un père ou un aïeul paternel, sur les enfans ou petits-fils qui, au moment de sa mort, se trouvaient sous sa puissance, et ne devaient pas retomber sous la puissance d'un autre.

D. Le père de famille peut-il nommer par testament des tuteurs à ses enfans et descendans ?

R. Oui, il en a toujours la faculté, à l'égard des enfans qu'il a sous sa puissance ; quant à ses petits-fils ou petites-filles, il ne peut leur nommer par testament, de tuteurs, que lorsque ces derniers ne doivent pas, après sa mort, retomber sous la puissance de leur père; c'est pourquoi, si votre fils est sous votre dépendance, au moment de votre mort, ses enfans, vos petits-fils, ne pourront recevoir de vous un tuteur testamentaire.

D. Le père de famille peut-il nommer un tuteur à ses enfans déshérités ?

R. Oui, parceque l'exhérédation ne détruit pas la puissance paternelle.

D. Le père de famille peut-il nommer, par testament un tuteur à ses enfans posthumes, c'est-à-dire, à ceux qui naîtront après sa mort?

R. Oui, de même que sous plusieurs rapports, on considère les posthumes comme étant déjà nés, on a permis de leur nommer par testament des tuteurs, pourvu toute fois, qu'en les supposant nés du vivant de leur père, ils fussent ses héritiers siens et sous sa puissance.

D. Ne peut-on donner, par testament, un tuteur qu'à ses héritiers *siens?*

R. On ne peut en donner qu'à ses héritiers *siens* ou à ceux qui le seraient devenus, si on avait vécu plus long-temps.

D. Dans quel sens le *texte* permet-il au père de donner un tuteur à son fils émancipé?

R. S'il lui permet de donner à son fils un tuteur testamentaire, il exige en même temps que ce dernier soit confirmé par le magistrat, mais sans examen.

TITRE XIV.

Des tuteurs testamentaires.

D. Quelles sont les personnes qu'on peut donner pour tuteurs testamentaires?

R. Les personnes avec lesquelles on a faction de testament, c'est à-dire, les pères et les fils de famille; on peut même nommer un esclave tuteur testamentaire.

D. Comment se fait-il que les esclaves puissent être nommés tuteurs, la tutelle étant une charge publique?

R. Le testateur, qui nomme tuteur son esclave, a soin ordinairement d'ajouter qu'il lui donne en même temps la liberté, ou, s'il n'en parle pas, il est censé avoir voulu la lui donner; il en est de ce cas comme de celui où un testateur institue un de ses esclaves son héritier nécessaire ; qu'il se soit exprimé formellement ou non, il est censé avoir voulu lui donner la liberté, sans laquelle l'institution du tuteur ou d'héritier eût été absolument inutile.

D. Qu'arriverait-il, si le testateur croyait libre l'esclave qu'il avait nommé tuteur ?

R. L'esclave ne pourrait avoir la tutelle, car sa nomination serait entachée d'un vice radical, l'erreur du testateur.

D. Peut-on donner purement et simplement pour tuteur l'esclave d'autrui ?

R. Une pareille disposition testamentaire est nulle ; elle est valable, si l'esclave est nommé tuteur pour le temps où il sera libre.

D. Que décidera-t-on si un fou ou un mineur de 25 ans est nommé tuteur testamentaire ?

R. Ils pourront devenir tuteurs : le premier, lorsque l'état d'imbellicité aura cessé ; et le second, lorsqu'il sera devenu majeur de 25 ans.

D. De quelle manière peut-on nommer un tuteur testamentaire ?

R. On le peut nommer pour un temps, à dater d'un certain temps, ou sous condition, et même avant l'institution d'héritier, ce qui, dans l'ancien droit, annulait la nomination du tuteur.

D. Dans ces différens cas, le pupille restera donc quelque temps sans tuteur ?

R. Non, il y aura lieu à la tutelle *dative*, c'est-à-dire jusqu'à sa puberté, et, à défaut de tuteur testamentaire, il sera donné par le magistrat au pupille un autre tuteur pour tout le temps où le premier n'exercerait pas la tutelle.

D. Peut-on nommer un tuteur pour une certaine affaire ou une cause particulière ?

R. On ne le peut ; car les tuteurs sont donnés aux personnes et non aux choses ; on peut cependant nommer un tuteur pour tout le patrimoine d'une province, lorsque les biens du pupille sont situés en différens pays ; mais alors la division porte sur l'administration de la tutelle , plutôt que sur la tutelle même.

D. Si quelqu'un nomme des tuteurs à ses fils ou à ses filles , *filiis* vel *filiabus* , faut-il y comprendre les posthumes ?

R. Oui , comme aussi , s'il emploie le mot *liberi* , on étendra sa disposition à ses enfans et à ses petits-fils , mais ces derniers ne seront pas compris dans le terme *filii*. Dans le cas où il donnerait des tuteurs aux posthumes , *posthumis* , il faudrait entendre par là ses enfans et ses autres descendans.

TITRE XV.

De la tutelle légitime des agnats.

D. Qu'est-ce que la tutelle *légitime ?*

R. On appelle tutelle *légitime*, celle qui , à défaut de la tutelle testamentaire , est déférée par la loi.

Tutela legitima, est ea quæ, deficiente testamentariâ , ex lege defertur. Il y en avait de quatre espèces , la tutelle des agnats, celle des patrons, des ascendans, enfin la tutelle fiduciaire.

D. Qu'est-ce que la tutelle *légitime des agnats ?*

R. La tutelle *légitime des agnats* est celle qui , aux termes même de la loi des 12 tables, est déférée aux agnats les plus proches : *ast si intestatus moritur, cui suus hæres impubes sit, agnatorum gentiliumque in eo, pecuniaque ejus, potestas esto.*

D. La tutelle légitime ne peut-elle pas avoir lieu, quand bien même il y aurait un testament ?

R. Oui, si dans le testament il n'était pas nommé de tuteur, ou même si, un tuteur étant donné par testament, cette disposition venait, pour une raison quelconque, à ne pas recevoir son exécution ; ainsi, quand on dit que le père de famille doit mourir *ab intestat,* pour donner lieu à la tutelle légitime, il faut entendre ce mot *ab intestat* par rapport à la tutelle.

D. Que signifient ces termes de la loi *agnatorum gentiliumque*?

R. Sont agnats, les parens qui tiennent l'un à l'autre par des personnes du sexe masculin, et qui n'ont subi aucune diminution de tête ; l'agnation existe, par exemple entre les fils d'un même père, entre chacun d'eux et ses frères ou leurs descendans par mâles. Réciproquement, il y a agnation entre ces derniers et leur oncle paternel, *patruus*, ou des descendans par mâles. Sont appelés *gentiles*, les agnats plus éloignés en degré et ils diffèrent des agnats comme une race, *gens*, diffère d'une de ses branches, *familia*.

D. Quels sont à proprement parler les *cognats*?

R. Dans un sens restreint et par opposition à *agnats*, on entend par *cognats*, les parens qui tiennent l'un à l'autre par des personnes du sexe féminin, ou les agnats *diminués de tête, capite minuti* ; par exemple, il y a cognation entre vous et le fils de votre tante, *amitæ*, sœur consanguine de votre père; mais en général *lato sensu*, le mot *cognat* embrasse tous les parens.

D. A la mort d'un père de famille, le lien qui unissait tous les membres de la famille, était-il entièrement rompu?

R. Non, bien que chaque membre devînt chef d'une famille particulière, *domûs*, il n'en continuait pas moins, sous le titre *d'agnat*, de faire partie de la grande famille, *familia*, à laquelle il appartenait du vivant de l'auteur commun.

D. Quelle différence y a-t-il entre la cognation et l'agnation ?

R. Celle qu'il y a entre le genre et l'espèce ; de plus, l'agnation est un lien purement civil, qui s'établit et se dissout par certaines dispositions de la loi, au lieu que la cognation est un lien du sang, un lien naturel que les lois civiles ne peuvent détruire, quant à ses effets naturels ; on peut citer au sujet de ce lien la maxime : *Civilis ratio civilia quidem jura corrumpere potest, naturalia verò non utique.*

D. Pourquoi nomme-t-on tuteur le plus proche agnat ?

R. Parce qu'il a l'espérance de recueillir les avantages de l'hérédité, et que là où sont les avantages doivent se trouver les charges, *eumdem sequi debent onera, quem sequuntur commoda.*

D. A qui devra-t-on donner la tutelle, dans le cas où il y a plusieurs agnats au degré le plus proche ?

R. Ces agnats seront tous appelés à être tuteurs ; mais l'administration pourra, au gré du juge, être confiée à plusieurs d'entre eux, ou même à un seul ; quoi qu'il en soit, ils n'en seront pas moins tous responsables de la gestion.

TITRE XVI.

De la diminution de tête.

D. Qu'est-ce que la *diminution de tête ?*

R. On la définit le changement d'un premier état, *prioris status commutatio.*

D. Que signifient ces mots : *diminution de tête ?*

R. Ils signifient que, par un changement d'état, la famille, la cité, ou la classe des hommes libres, est diminuée d'une tête.

D. Qu'entend-on par état, *status ?*

R. L'état est la condition que chaque particulier tient de la nature, ou de la cité dont il est membre, ou de sa famille ; à ces trois sortes d'états répondent autant de droits séparés : *libertas, civitas et familia.* La perte de chacun d'eux est un changement d'état ; cependant ces mots, *prioris status commutatio,* ne supposent pas une mutation nécessaire entre les qualités opposées de père ou de fils de famille. En effet,

les fils de famille subissent la petite diminution de tête,
sans devenir *sui juris*, non seulement lorsqu'ils sont
donnés en adoption proprement dite, mais encore lorsqu'ils suivent leur père adrogé sous la puissance de l'a-
drogeant; et réciproquement ils deviennent *sui juris* sans
diminution de tête, par la mort du père de famille.

D. Combien y a-t-il d'espèces de diminution de
tête?

R. Il y en a trois : la *petite*, la *moyenne* ou la *moindre*
et la *grande*. La plus grande, *maxima*, fesait perdre la
liberté, et conséquemment les droits de cité et de famille. Elle avait lieu à l'égard des personnes condam-
nées à être jetées aux bêtes, *ad bestias*, et pour ceux
qui tombaient en servitude.

La moindre ou la moyenne, *media*, ne fesait perdre
que les droits de cité et de famille, sans porter atteinte à la liberté ; tel était l'effet de l'interdiction de
l'eau et du feu, ou de la déportation dans une île. Enfin, la petite diminution de tête, *minima*, fesait seulement changer de famille ; elle avait toujours lieu par
l'émancipation, et résultait aussi de l'adoption faite
par un ascendant.

D. Les trois diminutions de tête détruisaient-elles
la tutelle?

R. La grande et la moyenne, enlevant les droits de
cité, ôtaient par conséquent la tutelle à celui qui était
frappé de l'une de ces deux diminutions de tête. Quant
à la petite diminution, *minima*, elle ne rompait que la
tutelle des agnats, la seule qui fût établie sur le lien
de famille; et encore y eut-il depuis Anastase, une exception à cette règle, en faveur des émancipés qui
conservèrent leurs droits d'agnation envers leurs frères
et sœurs.

TITRE XVII.

De la tutelle légitime des patrons.

D. Qu'est ce que la tutelle légitime des patrons?

C'est la *tutelle* qui, d'après l'interprétation de la loi des douze tables, est déférée aux *patrons* ou à leurs enfans, sur leurs affranchis *impubères*. *Tutela legitima patronorum est ea quæ, ex interpretatione prudentium, patronis in libertos impuberes defertur.*

D. Pourquoi dites-vous : d'après l'interprétation ?

R. Parce que cette tutelle n'est pas expressément contenue dans la loi des douze tables ; mais les prudens ont pensé que la loi, ayant donné aux agnats la tutelle, par les motifs qu'étant héritiers siens, ils avaient l'espoir d'hériter, on devait de même charger le patron de la tutelle, puisqu'il était appelé à recueillir la succession de l'affranchi

D. La tutelle est donc toujours déférée à l'héritier présomptif du pupille?

R. oui, à moins qu'il ne soit incapable de l'exercer.

D. Pourquoi la loi ne déférait-elle pas aux agnats la tutelle de l'affranchi ?

R. C'est que l'esclave n'ayant point de famille, n'avait point d'agnats au moment de son affranchissement.

TITRE XVIII.

De la tutelle légitime des ascendants.

D. Qu'est-ce que la tutelle légitime des ascendans?

R. Cette tutelle, à l'exemple de celle des patrons, était déférée aux ascendans, sur leurs enfans impubères qu'ils avaient émancipés : *Tutela legitima parentum est ea quæ in exemplum tutelæ patronorum defertur parentibus, in liberos impuberes ab eis emancipatos.*

D. Comment entendez-vous ces mots à l'exemple des patrons ?

R. La tutelle des ascendans était fondée moins sur leur qualité d'ascendans que sur celle d'émancipateurs, qualité qui, relativement à leurs enfans émancipés, les fesait assimiler aux patrons.

TITRE XIX.

De la tutelle fiduciaire.

D. Qu'était-ce que la *tutelle fiduciaire?*

R. On appelait *tutelle fiduciaire* celle qui, à la mort d'un ascendant, était dévolue de plein droit, à ses descendans majeurs, et restés sous sa puissance, sur ses autres enfans *impubères* qu'il avait émancipés. *Tutela fiduciaria est ea quæ, mortuo parente emancipatore, deferebatur liberis ejus, perfectæ ætatis, et in potestate retentis in liberos impuberes emancipatos.*

D'où est venu à cette tutelle le nom de fiduciaire?

R. Ce nom paraît lui être venu de ce qu'elle suppose toujours une émancipation faite, *contractâ fiduciâ.* C'est-à-dire que, dans le principe, l'ascendant émancipateur devait convenir expressément avec le prétendu acquéreur, *emptor familiæ*, qu'après la dernière mancipation ou vente fictive, celui-ci lui rémanciperait l'enfant. Par là, l'ascendant se trouvait acquéreur étranger, l'affranchissait ensuite, et devenait son patron. Justinien établit par une constitution, que l'émancipation serait toujours considérée comme ayant été faite, *contractâ fiduciâ*, avec clause de rémancipation, quand bien même le père de famille n'aurait rien stipulé à cet égard; du reste, cette dénomination de tuteur fiduciaire ne s'applique pas à l'ascendant émancipateur, qui simplement est tuteur légitime.

D. Combien y a-t-il d'espèces de tutelles fiduciaires?

R. Il y en a trois; l'une déférée aux ascendans, l'autre aux frères, la troisième aux oncles paternels. Exemples des trois cas:

1° J'émancipe mes petits-fils, et je garde leur père sous ma puissance; celui-ci sera leur tuteur fiduciaire, si je viens à mourir avant la puberté de ses enfans.

2° J'ai plusieurs fils; j'en émancipe un, et, avant sa

puberté, je meurs : il a pour tuteur ses frères majeurs, que j'ai laissés en puissance.

3° Enfin, dans le cas où je mourrais laissant un fils majeur émancipé, les enfans d'un autre s'ils étaient impubères, auraient mon fils majeur, leur oncle, pour tuteur fiduciaire.

D. Pourquoi les fils de l'émancipateur ne sont-ils pas appelés, comme les fils du patron, tuteurs légitimes, mais fiduciaires ?

R. Justinien prétend que les fils de l'émancipateur ne peuvent pas, à sa mort, continuer la tutelle légitime de leur père à l'égard des autres descendans, parce que ces derniers ne tombent pas sous leur puissance à la mort de l'auteur commun, au lieu que les enfans du patron succèdent à ses droits et à son titre de tuteur légitime à l'égard des personnes qu'il a affranchies, comme ils auraient succédé à la puissance dominicale, à défaut d'affranchissement ; cette raison est fausse dans le cas où il s'agit de petits-fils émancipés, ayant pour tuteur fiduciaire leur père, sous la puissance duquel ils se trouvent à la mort de leur aïeul. Le véritable motif, selon M. Ducaurroy est que l'émancipation détruit tous les droits d'agnation, et par conséquent le droit de succession légitime entre l'émancipé et les autres enfans restés dans la famille. Ces derniers, lorsqu'ils ont la tutelle, ne l'ont donc ni comme héritiers présomptifs, ni suivant le système de la loi des douze tables.

D. La tutelle fiduciaire est-elle légitime dans le sens des deux précédentes ?

R. Non, cette tutelle étant séparée de l'hérédité ne peut avoir le même caractère que les précédentes, mais comme elle est dévolue de plein droit, sans aucune nomination, on l'a appelée légitime, mot qui s'applique à tous les tuteurs *quos nemo dat*, et que la loi institue seule.

D. En résumé, dans quels cas avaient lieu les quatre tutelles légiti mes

R. Il faut distinguer entre les pupilles affranchis et les pupilles ingénus.

Les premiers avaient pour tuteurs, d'abord le patron et ensuite ses enfans.

Les seconds étaient soumis à la tutelle des agnats, lorsque par la mort du père de famille, ils devenaient *sui juris*, sans diminution de tête; et s'ils le devenaient avec diminution de tête, par l'émancipation, il y avait lieu pour eux à la tutelle de l'ascendant émancipateur, et après lui à la tutelle fiduciaire.

D. Les tuteurs fiduciaires ne finirent-ils pas, sous Justinien, par perdre leur caractère?

R. Oui, la novelle 118 supprimant toute différence entre les droits des agnats, et ceux des cognats, les tuteurs, qui auparavant s'appelaient fiduciaires, ne furent plus, à proprement parler, que des tuteurs légitimes, et cette novelle introduisit alors un nouveau système de tutelles légitimes.

D. Les femmes furent-elles toujours exclues de la tutelle?

R. Non, d'après une loi du Code, à défaut de tuteur testamentaire et légitime, la mère, sur sa demande, était nommée tutrice, pourvu qu'elle renonçât par serment à convoler à de secondes noces.

Cette disposition s'étendait aux mères d'enfans illégitimes, à condition qu'elles renonceraient au bénéfice du sénatus-consulte Velléien.

D. Quel droit établit Justinien dans ses novelles, relativement à la tutelle des femmes?

Il voulut que la mère, ou même l'aïeule du pupille, qui demanderait la tutelle, l'obtînt de préférence à tout autre tuteur légitime, mais non aux tuteurs testamentaires, à condition toutefois qu'elle renoncerait à contracter un second mariage et au bénéfice du sénatus-consulte Velléien. (Chez nous, la mère est préférée au tuteur testamentaire, le père peut seulement lui adjoindre un conseil.)

4.*

TITRE XX.

*Du tuteur Atilien, et de celui qui était donné en
vertu de la loi Julia et Titia.*

D. A défaut de tutelle testamentaire et légitime,
quelle tutelle était déférée?

R. Dans ce cas, la tutelle dative avait lieu.

D. Qu'est ce que la tutelle dative?

R. C'est celle qui, à défaut de tutelle testamentaire et légitime, est déférée par le magistrat, qui a le
pouvoir de nommer les tuteurs; *tutela dativa est ea
quæ, deficientibus testamentariâ et legitimâ, defertur à
magistratu, cui tutoris dandi jus est.*

D. Quel est le sens de ces mots : *deficientibus testamentariâ et legitimâ?*

R. La tutelle dative a lieu non seulement lorsqu'il
n'a pas été nommé de tuteur par testament et qu'il n'y
en a pas de légitime, mais lorsque le tuteur nommé, ou
celui appelé par la loi, ne peut exercer sa tutelle;
nous avons même déjà vu les cas, où un tuteur testamentaire étant nommé, pour un temps, par exemple,
ou à partir d'une certaine époque, ou enfin sous condition, il y avait lieu alors à la tutelle dative pour tout
le temps que le tuteur nommé ne pouvait exercer une
pareille charge, et la *tutelle dative* cessait aussitôt que
l'autre pouvait exister.

D. Quels étaient à Rome les magistrats qui avaient
le droit de nommer des tuteurs?

R. A Rome la loi Atilia donnait ce pouvoir au Préteur assisté des tribuns, et dans cette assemblée on
délibérait, et l'on prononçait à la majorité absolue des
suffrages. Dans les provinces, les gouverneurs étaient,
par la loi Julia et Titia revêtus du droit de nommer
les tuteurs. *Ex lege Atiliâ, Romæ tutores dabat prætor
urbanus eum majore parte tribunorum plebis : et ex lege
Julia Titia, dabantur in provinciis à præsidibus.*

D. Ne fut-il pas apporté quelque changement à la juridiction des magistrats, relativement à la tutelle?

R. Oui, le préfet eut le droit de nommer des tuteurs à Rome, et dans les provinces soumises à sa juridiction; le Préteur pouvait faire, à Rome seulement, des nominations de tuteur (chez nous le tuteur datif est nommé par le conseil de famille présidé par le juge de paix.) Dans les provinces, le droit de nomination appartenait aux gouverneurs, et à d'autres magistrats inférieurs, d'après l'ordre des gouverneurs et même sans leur ordre, si la fortune du pupille ne dépassait pas cinq cents solides. (Le *solidus* ou l'*aureus* valait 100 sesterces ou 20 fr. environ de notre monnaie.)

D. Doit-on entendre par ces mots, *d'après l'ordre des gouverneurs*, que ceux-ci déléguaient leur pouvoir de nomination?

R. Non, il était de principe que ce droit de nommer les tuteurs ne pouvait être délégué, mais ces termes signifiaient que les magistrats inférieurs étaient obligés d'attendre que les gouverneurs leur renvoyassent les nominations qu'ils pouvaient faire eux-mêmes.

D. Ne devait-on pas nommer un tuteur pour remplacer celui qui était fait prisonnier par l'ennemi?

R. Oui, il y avait alors lieu à la tutelle dative, qui cessait en cas de retour du captif. Car celui-ci recouvrait la tutelle, en vertu du droit de *post liminium*.

D. Depuis quand les lois Atilia et Julia Titia cessèrent-elles d'être en vigueur?

R. Depuis que Claude eut attribué aux consuls les nominations de tuteur, sur enquête, et qu'ensuite le préteur fut chargé de ce soin par une constitution.

D. Pourquoi dérogea-t-on sur ce point à l'ancien droit?

R. Parce que les lois Atilia et Julia n'offraient pas

au pupille une garantie suffisante de la bonne administration du tuteur.

D. A quelle époque les tuteurs étaient-ils tenus de
rendre compte de leur gestion ?

R. Ils y étaient tenus, par l'action de tutelle, après la
puberté des pupilles.

TITRE XXI.

De l'autorisation des tuteurs.

D. Qu'est-ce que l'autorisation du tuteur ?

R. L'autorisation du tuteur est l'approbation pure
et expresse, donnée par le tuteur de bonne foi, au pupille, dans une affaire particulière entreprise par ce
dernier, et à la confection de laquelle doivent assister
et le tuteur et le pupille.

*Tutoris auctoritas est pura et expressa negotii pu-
pillaris approbatio, quæ, à præsenti tutore, in præsenti
negotio, bonâ fide interponitur.*

D. Le pupille pouvait-il à tout âge faire quelqu'acte sans l'autorisation du tuteur ?

R. Jusqu'à l'âge de sept ans, il était *infans* et sans
raison, aussi ne pouvait-il rien faire sans l'autorisation de son tuteur.

D. Le pupille, âgé de 7 ans révolus, avait-il besoin,
pour faire un acte, de l'autorisation du tuteur ?

R. Elle lui était nécessaire en certains cas, dans
d'autres il pouvait s'en passer.

En général, il ne pouvait sans l'autorisation du tuteur rendre sa condition pire; et, pour la rendre meilleure, il n'avait pas besoin de l'autorisation.

D. Comment rendait-il sa condition pire ?

R. Il était censé la rendre pire toutes les fois qu'il
s'obligeait envers d'autres, ou faisait un acte d'aliénation.

D. Quand rendait-il sa condition meilleure ?

R. Il était censé la rendre meilleure, en recevant quelque chose d'un autre, ou en l'obligeant envers lui.

D. Quels étaient les effets des actes, passés par le pupille seul ?

R. Ces actes obligeaient envers le pupille les personnes, qui avaient contracté avec lui, mais ils n'obligeaient le pupille, que lorsqu'il avait pu les faire sans l'autorisation du tuteur.

D. Le pupille pouvait-il obliger les contractans avec lui, à exécuter leurs conventions, et se dispenser de remplir ses engagemens ?

R. Non, dans le cas où, sans en avoir le droit, il contractait seul, la loi lui laissait le choix de faire exécuter le contrat ou de s'en départir.

D. Spécifiez les actes que ne peut faire le pupille sans l'autorisation du tuteur, en supposant même que ces actes lui soient avantageux.

R. Il ne peut, sans l'autorisation du tuteur, faire addition d'hérédité, ni demander la possession de biens, ni recueillir une hérédité fidéicommissaire.

D. Pourquoi ces actes étaient-ils interdits au pupille?

R. Parce qu'ils exigent de celui qui les fait, non seulement *aliquem intellectum*, mais un certain discernement, *animi judicium*, discernement qu'on ne suppose pas dans un pupille.

D. Lorsque le pupille avait un procès avec son tuteur par qui devait-il être autorisé?

R. Comme il ne pouvait recevoir l'autorisation de son tuteur, par la raison que personne ne peut être *auctor in rem suam*, on lui donnait autrefois un tuteur spécial, *prætorius tutor*, mais ensuite on lui nomma un curateur, avec l'assistance duquel se poursuivait l'instance, jusqu'à la fin du procès, où finissait la curatelle.

D. Si le tuteur devient, depuis son entrée en fonctions, débiteur ou créancier du pupille, ne faut

il pas lui adjoindre quelqu'un dans l'administration ?

R. Oui, on doit lui adjoindre un curateur, pour tout
le temps de la tutelle.

TITRE XXII.

Manières dont finit la tutelle.

D. De quelle manière finissait la tutelle ?

R. Elle pouvait finir de deux manières; de la part
du pupille ou de la part du tuteur.

D. Comment finissait-elle de la part du pupille ?

R. Par la puberté du pupille, sa mort, sa déportation ou sa diminution de tête, sans en excepter la
petite, *minima*, qui le faisait devenir fils de famille.

D. Comment cessait-elle de la part du tuteur ?

R. Elle cessait :

1° Par la mort du tuteur ;

2° Par sa grande ou moyenne diminution de tête,
et même par la petite, *minima*, s'il s'agissait de la
tutelle légitime des agnats ;

3° Dans le cas où la tutelle était déférée pour un
certain temps ou sous une condition, elle cessait par
l'évènement du temps ou de la condition ;

4° Par l'approbation des excuses alléguées par le
tuteur ;

5° Enfin, par sa destitution.

D. De quelle manière finissait la tutelle dans les
deux derniers cas ?

R. Elle ne finissait pas de plein droit, mais par
l'intervention du magistrat, et le tuteur excusé ou
destitué était toujours remplacé par un tuteur
datif.

TITRE XXIII.

Des curateurs.

D. Après la puberté, les personnes des deux sexes n'avaient-elles besoin d'aucune assistance, dans la conduite de leurs affaires ?

R. Depuis l'âge de puberté, jusqu'à celui de 25 ans révolus, elles étaient en curatelle.

D. Qu'était-ce que la curatelle ?

R. La curatelle était le pouvoir de gérer les affaires de celui, qui ne pouvait les conduire lui-même.

Cura est potestas gerendorum negotiorum ejus, qui rebus suis ipse super esse nequit. On appelait *curateurs* ceux qui exerçaient la curatelle.

D. Comment se nommaient les curateurs ?

R. Les curateurs étaient nommés par les mêmes magistrats, qui avaient le droit de donner des tuteurs.

D. Pouvait - on nommer un tuteur par testament ?

R. On ne le pouvait pas ; cependant une pareille disposition était valable, si elle était confirmée par un décret du Préteur ou du gouverneur.

D. Nomma-t-on d'abord des curateurs aux mineurs de vingt-cinq ans, à raison de leur âge ?

R. Non, d'après la loi *Lætoria*, on ne donna d'abord des curateurs aux mineurs, que pour foiblesse de jugement prodigalité ou folie, mais Antonin permit de leur en donner, sans autre motif que leur minorité.

D. Les mineurs étaient-ils forcés de recevoir un curateur ?

R. Non, on ne pouvait leur en donner, s'ils n'en voulaient pas. Cependant, dans le cas où l'on était en procés avec le mineur, où ce dernier devait recevoir un paiement, faire une reddition de compte, on avait le droit d'exiger qu'il lui fût nommé un curateur.

D. Lorsque, sur la demande des mineurs, on leur donnait un curateur, pouvaient-ils reprendre l'administration de leurs biens, avant leur majorité ?

R. Non, ils n'avaient pas cette faculté.

D. Pouvait-on nommer un curateur pour une affaire particulière, *ad certam causam ?*

R. Oui, on le pouvait, et, dans ce cas comme dans le précédent, la curatelle différait de la tutelle.

D. Après l'âge de vingt-cinq ans, certaines personnes ne pouvaient-elles pas être soumises à la curatelle ?

R. Oui les fous et les prodigues, majeurs de vingt-cinq ans, avaient pour curateurs légitimes leurs agnats, auxquels la loi des douze tables déférait la curatelle, dans le cas seulement où le père de famille serait mort interdit. A Rome, le préteur ou le préfet de la ville, et, dans les provinces, les gouverneurs nommaient ordinairement des curateurs aux fous et aux prodigues.

D. Quels sont ceux qu'on appelle prodigues ?

R. On n'entend en droit par prodigues que ceux qui ont été déclarés tels par le magistrat, et dont l'interdiction a été prononcée.

D. N'y avait-il pas d'autres majeurs auxquels, eu égard à leur état, on donnait des curateurs ?

R. Oui, les imbécilles, les sourds, les muets et autres incurables recevaient un curateur.

D. Pourquoi les imbécilles et les fous ne sont-ils pas compris dans une seule et même disposition ?

R. C'est qu'il y a entre la démence et la folie une grande différence ; car, bien que la folie obscurcisse nos facultés mentales, elle est susceptible d'intervalles lucides et même de guérison, au lieu que la démence fait perdre l'esprit sans retour.

D. Les sourds et les muets étaient-ils dans une incapacité absolue d'agir par eux-mêmes ?

R. Non, ils étaient souvent capables de tester, pour déterminer les différents actes dont ils étaient incapables, il fallait se régler sur la nature et l'étendue de leur infirmité particulière.

D. Les pupilles eux-mêmes recevaient-ils quelquefois des curateurs ?

R. Oui, lorsque leur tuteur légitime et de bonne foi n'était pas en état d'administrer; on en nommait aussi lorsque le tuteur s'excusait pour un tems.

D. Dans le cas où le tuteur se trouvait dans l'impossibilité de gérer, pour cause de mauvaise santé ou pour tout autre, si le pupille était enfant, *infans*, ou éloigné, quelle mesure prenait-on pour suppléer le tuteur ?

R. Le préteur ou le gouverneur nommait *actorem*, un agent, qui administrait aux risques et périls du tuteur.

D. Qu'arrivait-il lorsque le pupille était présent et au-dessus de l'enfance, *infantiam ?*

R. Il pouvait, avec l'autorisation de son tuteur, constituer un mandataire, et l'intervention du magistrat devenait inutile.

D. A quelle époque finissait la curatelle ?

R. Elle cessait avec les causes qui l'avaient fait établir; ainsi la curatelle des mineurs finissait, lorsqu'ils avaient vingt-cinq ans accomplis; celle des fous, des insensés, des sourds, des muets et des incurables, quand ils étaient guéris; enfin, celle des prodigues, par la main-levée de leur interdiction.

D. La curatelle des mineurs ne pouvait-elle jamais finir, avant qu'ils eussent vingt-cinq ans ?

R. Les mineurs, qui avaient une bonne conduite, pouvaient obtenir du prince des lettres de bénéfice d'âge, par lesquelles ils étaient dispensés de la curatelle, à l'âge de vingt ans pour les garçons, et à celui de dix-huit pour les filles.

TITRE XXIV.

De la caution des tuteurs et curateurs.

D. Qu'est-ce que la caution ?

R. La caution est une sûreté, une garantie, *quæ fit datis fidejussoribus.*

D. Combien y avait-il d'espèces de caution ?

R. Il y en avait quatre : la caution *fidejussoria*, appelée *satisdatio*, par laquelle on présentait une personne, qui joignait son propre engagement à celui d'une autre ; la caution *pigneratitia*, qui consistait à donner un gage ; la caution *juratoria*, ou promesse avec serment ; enfin, *repromissio* ou la simple promesse.

D. Quelle caution devait donner le tuteur ou le curateur ?

R. C'était la caution *fidejussoria*, par laquelle il s'engageait à veiller à la conservation des biens du pupille.

D. Pour quel motif exigeait-on la caution dite *fidejussoria* ?

R. Parce qu'elle offrait plus de sûreté que toute autre, qu'un gage, par exemple, qui pouvait être soustrait ou détruit.

D. Tous les tuteurs et curateurs étaient-ils obligés de donner caution ?

R. Non, les tuteurs testamentaires n'y étaient pas tenus, parce que le choix qu'en avait fait le testateur, garantissait leur bonne foi et leur exactitude ; il en était de même des tuteurs et curateurs datifs, nommés sur enquête.

D. Quels étaient les tuteurs ou curateurs obligés de donner caution ?

R. C'étaient tous les tuteurs et curateurs légitimes et tous ceux qui avaient été nommés sans enquête ; cependant le préteur pouvait, en connaissance de cause, dispenser le père et le patron de donner caution.

D. Si les tuteurs obligés de donner caution ne la fournissaient pas, qu'arrivait-il?

R. Le magistrat les y contraignait, *pignoribus captis*, c'est-à-dire en saisissant une partie de leurs biens, que l'on retenait en gage, et, s'ils persistaient dans leur refus, ils étaient traités comme suspects.

D. Le pupille n'avait-il pas d'autre garantie du tuteur, que la caution *fidejussoria*?

R. Le tuteur ou curateur était tenu, avant son entrée en fonctions, de faire un inventaire des biens pupillaires et de jurer qu'il les administrerait toujours en bon père de famille; en outre, le pupille avait sur les biens du tuteur ou curateur une hypothèque tacite, et il était expressément défendu au tuteur d'aliéner les immeubles et certains meubles du pupille, sans l'autorisation du juge.

D. Lorsqu'il y avait plusieurs tuteurs ou curateurs, à qui l'administration était-elle confiée?

R. Elle était confiée à celui qui offrait de donner caution. Si la tutelle était déférée à plusieurs par testament, et que le testateur eût désigné l'un des tuteurs pour administrer, on le chargeait de la gestion, dans le cas où aucun des tuteurs ne voulait donner caution; et lorsque le testateur n'en avait désigné aucun pour l'administration, le gérant était choisi par les co-tuteurs, et par le préteur, si ces derniers ne pouvaient s'accorder à ce sujet.

D. L'administration ne pouvait-elle pas se diviser entre les co-tuteurs ou co-curateurs?

R. Oui, soit par l'acte même de nomination des co-tuteurs ou co-curateurs, soit par la distribution qu'ils se faisaient entr'eux de chaque domaine ou corps de biens, faisant partie du patrimoine des mineurs; ils géraient alors chacun séparément, et sans répondre les uns des autres.

D. Lorsque le magistrat ayant négligé d'exiger du tuteur une caution, ou en ayant admis une insuffisante, le pupille en éprouvait du dommage, celui-ci n'avait-il pas son recours contre le magistrat?

R. Oui, il avait une action contre lui et ses héritiers; mais ces derniers, à la différence du magistrat, n'étaient pas tenus de la faute légère commise par leur auteur; ils ne répondaient que de sa faute grave, *lata culpa*.

D. Quels étaient les magistrats contre qui le pupille avait une action subsidiaire en dommages intérêts?

R. Ce n'était que les magistrats inférieurs, les seuls qui fussent obligés de nommer sur enquête.

TITRE XXV.

Des excuses des tuteurs et curateurs.

D. Pourquoi la tutelle fut-elle érigée en charge publique, dont on ne pouvait se dispenser sans excuse légitime?

R. Parce qu'il importait à l'état que les pupilles ne restassent pas sans défenseurs.

D. Qu'entend-on par excuse?

R. L'excuse est l'allégation de dispense de tutelle ou curatelle, proposée d'après de justes motifs devant le magistrat compétent. *Excusatio est allegatio immunitatis à tutelæ vel curæ periculo, justis ex causis proposita, coram magistratu competente.*

D. Quelles étaient les raisons que la loi admettait pour excuses?

R. Les unes étaient nécessaires et perpétuelles, les autres volontaires et temporaires. Les premières étaient de véritables incapacités, et de nature à être alléguées en tout temps, non-seulement par le tuteur, mais contre lui; les autres ne pouvaient être proposées que par le tuteur, et cela dans le délai fatal de cinquante jours continus, à compter du moment où il avait eu connaissance que la tutelle lui était déférée.

D. N'augmentait-on pas quelquefois ce délai de cinquante jours dits continus, parce qu'ils étaient comptés de suite sans en retrancher les jours fériés.

R. Oui, lorsque le tuteur ou curateur demeurait à plus de cent milles du lieu où était déférée la tutelle ou curatelle, on lui accordait, pour présenter ses excuses, trente jours fixes augmentés d'un jour par vingt milles de distance. Ce délai n'était réellement avantageux au tuteur, que lorsqu'il demeurait à plus de quatre cents milles de distance ; du reste, il avait toujours au moins cinquante jours.

D. Sur quoi étaient fondées les différentes excuses ?

R. Sur un privilége, *ob privilegium* ; sur le danger qu'il y avait pour le pupille, ou mineur, d'avoir certaines personnes pour tuteur et curateur, *ob periculum*, ou enfin sur l'impuissance d'administrer, *ob impotentiam.*

D. Quelles étaient les excuses fondées sur un privilége, *ob privilegium* ?

R. C'étaient 1° le nombre des enfants : à Rome il en fallait avoir trois, en Italie quatre, en province cinq pour se faire exempter de la tutelle. On comptait au père les enfans qu'il avait émancipés, et même en vertu du droit de représentation les enfans d'un fils décédé, mais non les enfans adoptifs ou conçus, pas plus que ceux qui étaient morts, à moins qu'ils n'eussent péri sur le champ de bataille ; (il suffit chez nous qu'ils soient morts en activité de service militaire. Art. 436.)

2° L'administration du fisc.

3° L'absence pour service de l'état. Cette cause dispensait de la tutelle, que le tuteur fût ou non entré en exercice. En cas de retour, ceux qui s'étaient absentés reprenaient la tutelle, qu'ils avaient commencé à exercer avant leur départ, et s'ils n'étaient pas du tout entrés en fonctions, ils étaient exemptés de la tutelle pendant l'année qui suivait leur retour.

4° L'exercice d'une magistrature ; toutes les magistratures n'étaient pas des motifs d'excuse ; il fallait, par exemple, en excepter l'édilité et la plupart des magistratures inférieures; du reste, ces fonctions ne pouvaient dispenser que d'une tutelle dans la gestion de laquelle on ne s'était pas encore immiscé.

5° L'exercice d'une profession libérale; aussi, à Rome, les grammairiens, les rhéteurs, les médecins étaient dispensés de la tutelle, et, en province, ils avaient un moyen d'excuse, pourvu qu'ils fussent dans le nombre fixé des exceptions attachées à leur profession.

D. Faites connaître la nature des excuses établies *ob periculum*?

R. Elles avaient pour cause:

1° Un procès entre le tuteur et le pupille; mais il fallait que ce procès s'élevât sur tous les biens, ou sur la majeure partie de la fortune du pupille.

2° La qualité de créancier ou de débiteur, qu'on avait à l'égard du pupille ou mineur. Elle devint, sous Justinien, une cause d'incapacité pour la tutelle ou la curatelle; la mère seule en était exceptée.

3° La nomination du tuteur faite par inimitié: ainsi pour imposer une charge à quelqu'un, le nommait-on tuteur? en prouvant ce motif, il pouvait se faire excuser.

4° Les inimitiés capitales entre le tuteur et le pupille ou son père: elles servaient d'excuses au tuteur lorsqu'il n'y avait pas eu de réconciliation de sa part; enfin une contestation d'état élevée contre le tuteur par le père du pupille; par exemple, si on avait contesté au tuteur son état d'homme libre.

D. Quelles étaient les excuses admises *ob impotentiam*?

R. Ces excuses avaient pour cause:

1° L'exercice de trois tutelles ou curatelles; une seule pouvait même servir d'excuse lorsqu'elle était compliquée, mais il fallait ne pas les avoir recherchées; du reste, on se réglait moins sur le nombre des pupilles, que sur celui des patrimoines; ainsi la tutell de plusieurs frères ne comptait que pour une.

2° La pauvreté : c'était un moyen d'excuse lorsqu'on prouvait qu'on avait besoin de son travail pour vivre.

3° La mauvaise santé : lorsqu'elle empêchait de s'occuper de ses propres affaires.

4° L'ignorance des lettres : ceux qui ne savaient pas lire devaient être excusés, selon un rescrit d'Antonin-le-Pieux, d'après la difficulté qu'il y a à tenir des comptes quand on ne sait ni lire ni écrire ; cependant il peut se faire que, malgré cette ignorance, on soit capable de bien administrer, et alors on n'a point cette excuse.

5° L'âge de soixante-dix ans : autrefois la minorité de vingt-cinq ans fournissait une excuse ; mais dans le nouveau droit, le mineur et le pupille sont frappés d'incapacité et n'ont pas besoin de l'alléguer ; cette dernière incapacité est fondée sur ce principe : *nemo potest habere alium in potestate sub quâ ipse est.*

6° Le service militaire : c'était une incapacité pour le soldat, qui ne pouvait être tuteur, quand il l'aurait voulu. (Chez nous, d'après l'art. 422, le service militaire fournit seulement une excuse ou dispense.)

7° L'éloignement du domicile : ainsi le tuteur ou curateur qui avait son domicile dans un autre lieu que celui où l'on devait administrer, pouvait en tirer une excuse. (En droit français l'éloignement de domicile n'est un moyen d'excuse, que lorsqu'on exerce une fonction publique dans un autre département, que celui où sont situés les biens du pupille.) (Art. 427.)

D. Toutes ces excuses ou incapacités étaient-elles communes aux tuteurs et aux curateurs ?

R. Oui. De plus les curateurs avaient deux excuses qui leur étaient propres.

D. En quoi consistaient ces excuses ?

R. Si l'on avait eu la tutelle d'une personne, on pouvait en refuser la curatelle.

Le mari donné pour curateur à sa femme atteinte de folie ou de démence, devait s'excuser, ou s'il ne le fesait pas, il n'en était pas moins incapable de la curatelle. Cette incapacité avait été établie *ob periculum.*

D. Quelles étaient les excuses inadmissibles ?

R. Toute autre excuse, que celles précédemment énumérées devait être rejetée. Ainsi, l'on ne pouvait se dispenser de la tutelle testamentaire, en alléguant qu'on était inconnu au père du pupille.

D. Dans certains cas, quoiqu'on fût dans les délais pour proposer ses excuses, ne pouvait-on pas s'en ôter le droit ?

R. Oui, par exemple ceux qui avaient promis au père d'accepter la tutelle de ses enfans, ou qui s'étaient immiscés dans l'administration, ne pouvaient proposer d'excuses.

D. Pouvait-on s'excuser de la tutelle pour partie ?

R. La tutelle étant donnée à la personne, le tuteur ne pouvait régulièrement s'en excuser pour partie, mais lorsque l'administration se trouvait divisée entre plusieurs, dans le cas, par exemple, où les biens du pupille étaient situés dans différentes provinces, le tuteur, administrant pour partie, pouvait s'excuser de même.

D. Le tuteur, qui se fesait dispenser de la tutelle en alléguant de faux motifs, était-il délié de toute obligation ?

R. Non, il pesait sur lui tout autant de responsabilité, que si l'on n'avait pas admis ses excuses.

TITRE XXVI.

Des tuteurs et curateurs suspects.

D. Quels étaient, aux yeux de la loi, les tuteurs ou curateurs suspects ?

R. Le tuteur ou curateur suspect était celui, qui administrait la tutelle ou curatelle, soit frauduleusement, soit avec négligence, ou que ses mauvaises mœurs rendaient suspect, avant même qu'il se fût immiscé dans la gestion.

Suspectus tutor vel curator est is, qui segniter vel fraudulenter tutelam vel curam administrat, vel qui talis est moribus, ut suspectus sit, etiam antequam gesserit.

D. Le tuteur devenait-il suspect par le fait seul que la modicité de sa fortune n'offrait pas au pupille une garantie suffisante ?

R. Non, la pauvreté du tuteur ne le rendait pas suspect, si, du reste, il était administrateur soigneux et intègre.

D. Tous les tuteurs pouvaient-ils être accusés comme suspects ?

R. Oui, même les tuteurs testamentaires et légitimes.

D. De quelle source provenait ce droit d'accusation ?

R. De la loi des douze tables.

D. Quelles étaient les personnes, qui pouvaient accuser les tuteurs ou curateurs comme suspects ?

R. Ce droit était ouvert à tout le monde, même aux femmes et aux pubères, s'ils y étaient autorisés par leur conseil ; mais les pupilles ne pouvaient accuser leurs tuteurs.

D. Quel était l'effet de cette accusation ?

R. Elle avait pour effet d'interdire l'administration au tuteur ou curateur, jusqu'à la fin de la poursuite.

D. Si, dans le cours de l'instruction, le tuteur ou curateur venait à mourir, quel était le sort de l'accusation ?

R. L'accusation était éteinte.

D. Quel était le sort du tuteur ou curateur, condamné sur l'accusation, comme suspect, portée contre lui ?

R. Ce sort n'était pas toujours le même ; il dépendait des motifs de la condamnation. Ainsi, lorsque l'accusé n'était déclaré coupable que d'une simple faute, de négligence, par exemple, il était écarté de la tutelle sans qu'il en résultât pour lui l'infamie ; mais lorsqu'il avait été déclaré coupable, pour dol, il était destitué avec infamie.

D. Ne pouvait-il pas y avoir lieu dans certains cas à des peines corporelles ?

R. Oui, lorsqu'il s'agissait d'un affranchi, qui avait, administré frauduleusement la tutelle des descendans de son patron.

D. L'affranchi et le fils de famille pouvaient-ils, en accusant leur patron, ou leur père, comme suspects, les faire frapper d'infamie?

R. Non, pour ménager leur réputation, on se contentait de nommer un curateur, qui administrait à la place du patron et du père, *quorum famæ in omni casu parcendum est.*

D. Le tuteur ou curateur accusé comme suspect pouvait-il conserver l'administration en offrant de donner caution?

R. Non, car la caution du tuteur ne change pas ses mauvaises intentions; et lui laisser l'administration, ce serait lui donner le temps et les moyens de s'enrichir davantage, aux dépens du mineur.

D. Pour quelles causes le tuteur pouvait-il être écarté comme suspect?

R. Il était écarté comme suspect, lorsqu'il ne se présentait pas pour faire décerner des alimens au pupille, qui, dans ce cas, était envoyé en possession des biens de son tuteur; on nommait, en même temps, un curateur aux biens, qui devait vendre les choses sujettes à se détériorer par le retard.

D. Quelle était la peine infligée au tuteur, qui déclarait faussement, et contre sa conscience, que les biens du pupille étaient insuffisans pour lui fournir des alimens?

R. Il était renvoyé, pour être puni, au préfet de la ville. Il subissait la même peine, lorsqu'il était prouvé qu'il avait donné de l'argent, pour se faire nommer tuteur.

FIN DU PREMIER LIVRE.

LIVRE DEUXIÈME.

TITRE PREMIER.

De la division des choses, et des manières d'en acquérir la propriété.

Nous avons divisé ce titre, d'après la nature et l'ordre des matières, en deux chapitres, dont le premier comprend la division des choses, et le second, les différentes manières d'en acquérir la propriété, en vertu du droit des gens.

CHAPITRE PREMIER.

De la division des choses.

D. En droit, qu'entend-on par choses en général ?

R. Tout ce qui existe, à l'exception des personnes et des actions, tout ce dont l'homme peut user et tirer un avantage quelconque.

D. Comment se divisent les choses *res*, en prenant ce mot dans sa plus grande extension ?

R. Elles se divisent en choses, pouvant entrer dans notre patrimoine, *res singulorum*, et choses hors de notre patrimoine, *res non singulorum*.

D. En combien de classes range-t-on les choses *non singulorum?*

R. Les unes sont communes à tous, *communia*, ou publiques, *publica;* d'autres appartiennent à tous les membres d'une même corporation, *universitatis;* certaines choses enfin ne sont à personne, *nullius.*

D. Quelles sont les choses communes ?

R. D'après le droit naturel, l'air, l'eau courante, la mer et ses rivages, sont choses communes, en ce sens qu'il n'existe à leur égard aucune distinction de propriété; chacun peut en user librement, chacun peut, par exemple, naviguer sur la mer, et se promener sur son rivage, pourvu toutefois qu'il respecte les maisons de plaisance, les édifices et les monumens qui s'y trouvent construits, et qui ne tombent pas dans le domaine du droit des gens, comme la mer, car les portions de rivage, déjà occupées, ont cessé par cela même d'être choses communes.

D. Jusqu'où s'étend le rivage de la mer ?

R. Il comprend tout le terrain, que couvre la mer dans les plus hautes marées, qui ont ordinairement lieu en hiver.

D. Qu'appelle-t-on choses publiques ?

R. Parmi les choses communes, dont l'usage appartient à tous, il en est qui semblent plus particulièrement attribuées à chaque peuple, comme dépendant de leur territoire, et qu'on appelle publiques; tels sont les ports, les fleuves et leurs rives.

D. Tout le monde a-t-il également droit à l'usage des choses publiques ?

R. Oui, et si Justinien les distingue des choses communes, c'est seulement quant aux modes de se les approprier ; ainsi, par exemple, chacun a le droit de pêcher dans les ports et dans les fleuves, d'aborder aux rives, d'y fixer un navire par des câbles, mais la propriété des rives appartient aux riverains.

D. Bien que le rivage de la mer soit chose commune, chacun peut-il par son fait nuire aux abordages, et aux besoins de la navigation?

R. Non , il n'a pas le droit de construire à son gré , sur le rivage, parce qu'il ne peut juger par lui-même si ses établissemens gêneront ou non le public dans la navigation et la fréquentation des rivages; c'est pour-quoi l'on a besoin de l'autorisation des magistrats, pour devenir propriétaire des établissemens qu'on veut faire sur les rivages de la mer.

D. Qu'entendait-on par choses *universitatis?*

R. Celles qui appartenaient à une cité, à une com-munauté, en un mot, à toute association légalement autorisée : par exemple , les édifices des villes, les théâ-tres et les stades.

D. N'y a-t-il pas des choses qui appartiennent à une corporation, sans que l'usage en soit commun à tous ses membres?

R. Oui, chaque corporation a des choses, qui sont *in bonis* , c'est-à-dire dans son patrimoine, sans qu'elles soient pour cela destinées à l'usage individuel de ceux qui la composent; mais ce n'est pas dans ce sens qu'il faut prendre ces mots : *res universitatis;* on doit ici consi-dérer ces choses moins quant à la propriété, que rela-tivement à l'usage qu'on peut en faire.

D. Quelles étaient les choses dites : *nullius?*

R. Elles étaient de nature différente : les unes *hu-mani juris,* les autres *divini juris.* Les premières, qu'on appelait aussi communes, parce que chacun en avait l'usage, se nommaient *nullius,* à raison de ce qu'elles n'appartenaient à personne, avant que l'occupation en rendît quelqu'un propriétaire; on les définit : *res in quas, licet in commercio positas, nemo jus præsens habet aut sperat* , par exemple, les poissons et les oiseaux dans leur état de liberté.

D. Quelles étaient les choses *divini juris,* dites *nullius?*

R. Celles qui n'étaient pas dans le commerce, et qui ne pouvaient ordinairement devenir la propriété de personne, par exemple, les choses sacrées, saintes et religieuses. C'est à ces choses, que le texte applique spécialement le terme *nullius.*

D. Pourquoi dit-on, *qui ne pouvaient ordinairement?*

R. C'est que, dans certains cas, on pouvait aliéner les choses sacrées, par exemple, pour le rachat des captifs, pour la nourriture des pauvres, en temps de famine, pour acquitter les dettes de l'église.

D. Expliquez la nature des choses *sacrées, saintes et religieuses?*

R. Les premières tiraient leur caractère de la consécration des pontifes, faite avec les conditions requises : *sacra sunt quæ rité, et per pontifices Deo consecrata sunt.* Tels étaient les églises, et les vases, consacrés au culte de la Divinité.

D. Quelle est l'étendue de ces expressions, *rité et per pontifices?*

R. Par là on doit entendre qu'aux pontifes seuls appartenait le pouvoir de rendre une chose sacrée; ainsi ce caractère ne pouvait dépendre du fait, pas plus que de la volonté d'un simple particulier, et l'objet qu'il avait voulu rendre sacré n'en restait pas moins profane, *profanum; rité* signifie non seulement qu'il fallait employer certaines formalités, mais avoir en outre l'autorisation du législateur; car la loi Papiria défendit de consacrer aucun édifice ou terrain, sans le consentement du peuple; mais depuis que l'empereur réunit le souverain pontificat à l'autorité législative, il put permettre de consacrer, et consacra lui-même.

D. Après la démolition ou la ruine d'un édifice sacré, quel caractère avait le terrain sur lequel il était construit?

R. Le terrain restait sacré.

D. Quelles étaient les choses saintes?

R. Celles, qu'une sanction légale protégeait contre l'attaque et l'injure des hommes (la sanction légale est la partie de la loi qui prononce des peines contre ceux qui contreviendraient à ses dispositions) : « *Res sanctæ sunt quæ adversus hominum injurias sanctione pœnæ munitæ sunt;* tels étaient les portes et les murs de la ville de Rome, par-dessus lesquels il était défendu de passer sous peine de mort. On appelait ces choses *sanctæ*, parce que le respect, qu'on leur devait, avait été sanctionné, *sancitus*, par une peine; aussi, sous ce rapport et par assimilation, étaient-elles du droit divin, *juris divini*, mais imparfaitement, *quodam modo*.

D. Qu'appelait-on chose religieuse ?

R. On appelait religieux le lieu où l'on avait enseveli à perpétuité un cadavre humain, du consentement de tous ceux qui avaient quelque droit sur le terrain ; *res religiosa dicitur locus ubi cadaver humanum, perpetuæ sepulturæ causâ, conditum est, consentientibus iis omnibus quorum interest.*

D. Pourquoi à *perpétuité* ?

R. Parce qu'autrement, il n'y aurait pas sépulture , mais simple dépôt.

D. Quelles personnes faut-il comprendre par ces mots, *omnibus quorum interest* ?

R. Non seulement le propriétaire du terrain , mais l'usufruitier, et celui qui a sur le lieu une servitude.

D. Lorsqu'un sépulcre était commun entre plusieurs personnes, quels étaient leurs droits respectifs ?

R. Chacune d'elles avait le droit d'y ensevelir un mort, malgré l'opposition des co-propriétaires.

D. On pouvait donc établir sa propriété sur des choses religieuses ?

R. Non, les choses religieuses, étant *nullius*, ne pouvaient, comme on l'a vu, appartenir à personne ; et s'il résulte du texte, qu'un emplacement religieux pouvait appartenir à quelqu'un , c'est en ce sens qu'une ou plusieurs personnes avaient, exclusivement à tout autre, le droit d'y enterrer leurs morts.

D. Celui qui ensevelit un mort dans le terrain d'autrui sans le consentement du propriétaire, rend-il le lieu religieux ?

R. Non ; mais il en est autrement, si plus tard le maître ratifie ce qui a été fait.

D. Si un lieu pur, c'est-à-dire ni sacré , ni saint , ni religieux , est commun à plusieurs , l'un des co-propriétaires par indivis peut-il y ensevelir un mort, contre le gré de ses co-associés?

R. Non, il n'en a pas le droit, pas plus qu'il ne l'aurait, s'il était propriétaire du terrain, et qu'un autre fût usufruitier et opposant.

D. Quelles étaient les choses *singulorum*?

R. On appelait ainsi les choses qui étaient dans le patrimoine de chacun, *in bonis*, ou sur lesquelles on pouvait établir son domaine, *dominium*, c'est-à-dire, une pleine puissance, *plenam potestatem*, de manière à en faire sa propriété.

D. Quelles sortes de droit pouvait-on avoir relativement à une chose?

R. Un droit réel ou sur la chose, *jus in re*, et un droit à la chose, *jus ad rem*.

D. En quoi différaient ces droits?

R. Le *jus in re* était fondé sur la chose même, sans égard à la personne : *jus in re est jus in ipso rei corpore competens, sine respecta ad certam personam.*

Le *jus ad rem* était le droit de poursuivre une personne, afin qu'elle livrât, ou fît, ou ne fît pas quelque chose, droit qui résultait d'une obligation : *jus ad rem est jus persequendi certam personam, ut rem nobis tradat, vel aliquid faciat, aut non faciat, ex obligatione quam erga nos contraxit.*

D. Combien distinguait-on, de droits *in re?*

R. On en distinguait quatre : le domaine, *dominium*; l'hérédité, *hæreditas*; la servitude, *servitas*, et le gage, *pignus*. Le présent titre ne traite que du domaine.

D. Que signifie, en droit romain, *dominium?*

R. Le droit de propriété, *dominium*, était le droit d'user et d'abuser d'une chose, autant que le permettait la loi : *dominium est jus utendi et abutendi re, quatenus juris ratio patitur.*

D. Pourquoi, au lieu de dire simplement la propriété, dites-vous le droit de propriété?

R. C'est pour qu'on ne confonde pas le droit avec l'exercice du droit, chose bien différente.

D. Que signifie le mot *uti*?

R. Il a une signification différente, selon qu'on l'oppose à *frui* ou à *abuti*. Dans le premier cas, il exprime un simple usage, faisant partie de la jouissance; dans le second, il comprend tous les produits de la chose, tous les fruits ou autres avantages qu'on peut en tirer.

D. Le droit de propriété, *dominium*, ne reçoit-il pas différens noms, selon les différens rapports sous lesquels on le considère?

R. Oui. Il est, 1° *directum* ou *utile*.

2° *Plenum* ou *nudum*.

3° *Bonitarium* ou *quiritarium*.

4° *Perpetuum* ou *revocabile*.

D. En quoi différait la propriété *directe* de la propriété *utile*?

R. La propriété directe était un titre dont on ne recueillait aucun fruit; tel était le droit du propriétaire d'un fief; ou un titre très-peu fructueux, par exemple, celui qu'avait le maître d'un fonds emphitéotique : *dominium directum est titulus sine emolumento*, *vel cum minimo emolumento*.

Le domaine utile consistait à recueillir les produits d'une chose, sans avoir le titre de propriétaire; l'emphitéote avait ce domaine : *utile est emolumentum sine dominii titulo*.

D. Qu'entendez-vous par fief et par emphitéose?

R. Le fief était un domaine noble; l'emphitéose était un contrat, par lequel le propriétaire d'un fonds en aliénait à perpétuité, ou pour un temps, le domaine utile, c'est-à-dire, tous les produits, moyennant une redevance annuelle, et sous la réserve du domaine direct.

D. Expliquez la nature de la pleine et de la nue propriété.

R. La pleine propriété d'une chose en comprenait l'usufruit; la nue propriété en était séparée.

D. Qu'appelait-on domaine *bonitaire* et *quiritaire*?

R. Le premier s'acquérait en vertu du droit des

gens; le second, en vertu du droit civil ou par des modes solennels de l'ancien droit.

Bonitarium (dominium) erat illud quod jure gentium, quiritarium verò quod jure civili, seu modis solennibus acquirebatur.

D. A quel caractère reconnaissait-on le domaine perpétuel, et le domaine révocable ?

L'un ne pouvait être enlevé au maître sans son fait. L'autre, au contraire, pouvait lui être enlevé, dans certains cas, contre son gré ; ce qui avait lieu, par exemple, dans l'adjudication, et à l'égard des biens grevés de fidéicommis.

CHAPITRE II.

Des manières d'acquérir la propriété en vertu du droit des gens.

D. Quelles étaient les manières d'acquérir la propriété, en vertu du droit des gens ?

R. C'étaient l'occupation, l'accession, la spécification, la mixtion, la perception de fruits, et la tradition.

D. Comment définit on l'occupation ?

R. L'occupation était une manière d'acquérir la propriété en vertu du droit des gens, mode par lequel les choses dites *nullius et humani juris* étaient acquises au premier qui s'en emparait.

Occupatio e t modus acquirendi dominii jure gentium, quo res nullius, humani juris, primo apprehendenti acquiruntur.

D. Quelles choses acquérait-on par occupation ?

R. On acquérait ainsi, par exemple, les oiseaux, les bêtes sauvages et les poissons, que l'on prenait les uns à la chasse, les autres à la pêche.

D. Ne faut-il pas faire une distinction, relativement aux animaux?

R. Oui ; les uns sont sauvages, *feræ;* d'autres naturellement doux, *mansuetæ;* il y en a enfin d'apprivoisés, *mansuefactæ.*

D. Faites connaître ces divers animaux.

R. Les animaux sauvages sont ceux qui ont reçu de la nature la faculté d'errer à leur gré çà et là, comme la perdrix, le renard. Les animaux naturellement doux sont ceux qui ont naturellement l'habitude de s'en aller et de revenir, comme les bœufs, les brebis. Enfin, les animaux apprivoisés sont ceux, dont l'homme est parvenu à adoucir le naturel sauvage, tels que les paons, les abeilles, les pigeons.

D. Quels étaient les animaux dont on pouvait acquérir la propriété par occupation ?

R. Ce n'était que les animaux sauvages, parce que seuls ils étaient choses *nullius;* car les animaux *mansuetæ*, les poules, par exemple, appartenaient toujours à quelqu'un ; et les animaux *mansuefactæ* avaient un maître tant qu'ils n'avaient pas perdu l'esprit de retour, appréciation laissée à l'arbitrage du juge.

D. Pour acquérir, par occupation, des oiseaux, des poissons, ou autres animaux sauvages, était-il nécessaire qu'on les eût pris sur son propre fonds ?

R. Non, peu importait que la prise eût lieu sur son propre fonds ou sur celui d'autrui ; mais le maître du fonds avait le droit d'empêcher le chasseur d'y entrer pour les prendre.

D. Celui qui avait pris un animal, en restait-il toujours propriétaire ?

R. Oui, tant qu'il le tenait sous sa garde ; mais il cessait d'en avoir la propriété du moment où l'animal, venant à s'échapper, recouvrait la liberté.

D. Dans quelle circonstance l'animal pris était-il censé avoir recouvré la liberté ?

R. Quand on l'avait perdu de vue, ou bien lorsqu'on le voyait encore, mais dans une position où la poursuite en eût été difficile, c'est-à-dire, où l'on n'aurait pas été sûr de l'atteindre à volonté.

D. Un animal est-il censé vous appartenir, du moment où il est blessé de manière à pouvoir être pris?

R. On était sur ce point partagé d'opinion ; les uns pensaient que l'animal était censé leur appartenir, tant que vous le poursuiviez, mais que du moment où cessait la poursuite , finissait votre propriété. D'autres, au contraire, pensaient que l'animal n'était à vous, que lorsque vous l'aviez pris. Justinien adopte cette dernière opinion , par la raison que mille circonstances pouvaient vous empêcher de saisir l'animal.

D. Les abeilles, qui se posent sur votre arbre, sont-elles à vous?

R. Non, pas plus que les oiseaux qui y font leur nid ; mais si vous réussissez à les renfermer dans une ruche , elles vous appartiennent , comme elles appartiendraient également à tout autre, qui les ferait entrer dans sa ruche.

D. A qui appartenaient les rayons de miel , que des abeilles avaient déposés dans le creux d'un arbre ou d'un rocher, et l'essaim qui abandonnait une ruche?

R. Le miel et l'essaim devenaient la propriété du premier occupant, et peu importait de quelle manière et en quel lieu on s'en était emparé.

D. Dans quelle classe d'animaux rangeait-on les paons et les pigeons?

R. Dans la classe des animaux sauvages , quoiqu'ils eussent l'habitude d'aller et de revenir ; car les abeilles l'avaient aussi, et personne pourtant ne doutait qu'elles fussent naturellement sauvages.

D. Comment conservait-on sa propriété sur ces animaux?

R. Par le fait de leur départ , ils sortaient de la puissance de leur maître ; mais ils étaient censés lui appartenir tant qu'ils conservaient l'esprit de retour.

D. Dans quel cas un animal sauvage perdait-il l'esprit de retour?

R. Lorsqu'il en perdait l'habitude ; c'était donc par les circonstances, qu'on décidait, si l'animal avait ou non recouvré sa liberté naturelle.

D. Les poules et les oies domestiques étaient-elles d'un naturel sauvage?

R. Non; aussi, n'y avait-il pas lieu d'appliquer, à leur égard, les règles concernant l'esprit de retour, dont les conséquences étaient analogues à celles du droit de *post liminium*, puisqu'en partant, ces animaux sortaient, par le fait, du pouvoir de leur maître, et qu'à leur retour, ils étaient censés n'en être jamais sortis. Si donc vos poules ou vos oies effrayées s'échappaient de votre basse-cour, quoique vous les eussiez perdues de vue, vous n'en auriez pas moins le droit de les réclamer, en quelque lieu que vous les eussiez trouvées.

D. Le butin fait sur l'ennemi ne devenait-il pas la propriété de celui qui s'en emparait?

R. Oui, en vertu du droit des gens, de même que, dans une guerre déclarée de nation à nation, les personnes libres tombaient au pouvoir de l'ennemi, qui les avait fait prisonnières; mais si ces personnes avaient le bonheur de s'échapper, elles recouvraient leur premier état.

D. Les prisonniers faits à l'ennemi appartenaient-ils toujours à celui qui les avait capturés?

R. Il faut distinguer : lorsqu'ils étaient pris par une armée ou un corps d'armée, ils appartenaient à l'état, dont l'armée, en quelque sorte, était mandataire. Mais lorsque la prise avait eu lieu dans un acte particulier et individuel, elle appartenait à celui, qui l'avait faite, d'après ce principe, que chacun travaille pour soi.

D. A qui appartenaient les perles, les pierreries et autres choses semblables, qui se trouvaient sur le rivage de la mer?

R. Elles appartenaient, par droit d'occupation, à celui qui les avait trouvées; il en était de même des choses abandonnées avec l'intention d'en perdre la propriété; telles n'étaient pas les marchandises que les matelots jetaient à la mer, pour alléger le vaisseau, et qu'on trouvait sur le rivage; telles n'étaient pas non plus les choses que par mégarde on laissait tomber d'une voiture, ou que l'on perdait en voyage.

D. Celui qui trouvait un trésor, en avait-il la propriété?

R. Il en avait la pleine et entière propriété, lorsqu'il avait trouvé le trésor sur son propre fonds, mais lorsqu'il l'avait découvert sur le fonds d'autrui, il n'en avait qu'une moitié, (encore fallait-il qu'il eût trouvé le trésor par hasard), et l'autre appartenait au maître du fonds : ce dernier était propriétaire de la totalité, s'il avait lui-même commandé la fouille, par laquelle il espérait trouver le trésor.

D. Qu'entendait-on par trésor?

R. On entendait par trésor un ancien dépôt d'argent dont on avait perdu le souvenir : *thesaurus est vetus pecuniæ depositio, cujus memoria non exstat.*

D. Pour acquérir la propriété par droit d'occupation, *verbi gratiâ*, par la chasse, la pêche, la guerre ou une simple invention, suffisait-il de s'emparer de la chose?

R. Non; il fallait saisir l'objet avec l'intention d'en devenir propriétaire, car l'occupation, quelque nom qu'elle prenne, n'est jamais qu'une manière de posséder; or, pour posséder, il ne suffit pas de détenir corporellement; le fou, l'enfant ne possèdent point : *affectionem tenendi non habent*; il faut, en s'emparant d'un objet, le saisir avec l'intention de l'avoir comme sien, *pro suo.*

D. Comment acquérait-on par droit d'accession?

R. On acquérait par accession tout ce qui était l'accessoire du principal dont on était propriétaire.

D. Quelles choses acquérait-on par droit d'accession?

R. Le propriétaire d'un animal acquérait ainsi tous les animaux, qui en naissaient, de même que le maître d'une esclave acquérait tous les enfans dont elle accouchait, parce qu'avant de naître, le fœtus était considéré comme faisant partie des entrailles de sa mère. Car si, comme nous l'avons déjà vu, on considérait quelquefois la condition de la mère, au moment de la conception, ou dans le temps intermédiaire, ce n'était jamais pour savoir à qui appartenait l'enfant, dont elle avait accouché, mais seulement pour décider s'il était né libre ou esclave, et pour augmenter en sa faveur les chances de liberté. *Id enim favor libertatis exposcit*

D. Le propriétaire d'un fonds riverain ne pouvait-il pas acquérir par alluvion (espèce d'accession)?

R. Oui, et l'on entendait, par alluvion, une augmentation de terrain produite par l'eau d'un fleuve, et dont le progrès insensible échappait aux yeux.

D. Tous ces riverains pouvaient-ils acquérir par alluvion ou accession?

R. Non; ne le pouvaient pas les personnes qui avaient sur la rive des possessions limitées et adjugées par le peuple, *agri limitati*; l'excédant des limites restait public.

D. A qui appartient le terrain. qu'enlève à votre fonds la violence d'un fleuve, et qu'elle joint au sol d'autrui?

R. Ce terrain reste votre propriété, à moins que vous laissiez la réunion s'opérer; et l'on aura un signe évident de la réunion des deux terrains, lorsque les arbres plantés dans l'un, auront pris racine dans l'autre. Alors le terrain déplacé appartiendra au propriétaire du terrain voisin.

D. A qui appartenaient les îles qui naissaient dans la mer et dans un fleuve?

R. Les premières fesant partie de la mer, dite chose *nullius*, appartenaient au premier occupant; à l'égard des autres, il fallait distinguer: ces îles pouvaient être flottantes, et alors elles étaient publiques comme le fleuve même; ou, sans sortir du fleuve, elles se composaient de terrains particuliers, que la rivière entourait, lorsque plusieurs bras, divisés sur un point, venaient à se réunir sur un point inférieur: comme, dans ce cas, la nature du sol n'était pas changée, le terrain, sous la forme d'île, continuait à appartenir au même propriétaire; on distinguait aussi deux autres espèces d'îles: l'une qui résultait du dessèchement d'une portion du lit que l'eau continuait à border, mais sans couler au-dessus; l'autre qui s'élevait par les amas de sable que le courant déposait et augmentait insensiblement ; ces deux dernières espèces d'îles se partageaient par moitié entre les propriétaires riverains, lorsqu'elles naissaient au milieu du fleuve, c'est-à-dire, à égale distance des deux rives; et lorsqu'elles se trouvaient plus près d'une rive que de l'autre, elles se partageaient entre les propriétaires de cette rive, de manière à ce que, dans les deux cas, la part de chaque riverain fût proportionnée à la largeur de sa propriété.

D. Que devenait le terrain abandonné par un fleuve, qui changeait de lit ?

R. Il appartenait aux propriétaires riverains. Mais si le fleuve retournait dans son premier lit, l'autre lit appartenait-il aux propriétés riveraines, ou au maître *cujus anteà fuerat*. On était partagé d'opinion sur ce point.

D. Qu'arrivait-il dans le cas, où le champ d'un particulier était inondé ?

R. La nature du sol restant la même, le champ, après que l'eau s'était retirée, continuait d'appartenir au même propriétaire qu'auparavant.

D. De quelles manières acquérait-on par accession artificielle?

R. On acquérait *ex texturâ*, par tissu ; ainsi, si quelqu'un brodait de la pourpre sur l'habit d'un autre, la pourpre, quoique plus précieuse, n'étant qu'un ornement, un accessoire, suivait la condition de l'habit, et appartiendrait au propriétaire de ce dernier.

D. Comment acquérait-on par *spécification* ?

R. Par ce mode, l'ouvrier qui, avec la matière d'autrui, faisait une chose nouvelle, en acquérait la propriété; mais pour cela, il fallait que la matière ne pût reprendre sa première forme, que l'espèce de la chose fût changée, enfin que l'ouvrier eût travaillé de bonne foi et pour son compte, *suo nomine*; autrement, la chose ne lui appartenait pas, mais bien au propriétaire de la matière, et ce dernier avait une action *in factum* contre l'ouvrier, à l'effet de se faire payer le prix de la matière, dans le cas où l'ouvrier devenait propriétaire par spécification. Le texte cite plusieurs exemples de spécification, entr'autres le vin, qu'on aurait fait avec les raisins d'autrui. Il faut observer que, si un ouvrier faisait une chose, d'une espèce nouvelle, avec de la matière en partie sienne et du reste appartenant à une autre, la chose serait sa propriété.

D. Comment acquérait-on par *confusion*?

R. On acquérait ainsi, *commixtione*, en faisant un mélange de deux liquides; *confusione*, en faisant fondre ensemble deux masses d'or ou d'argent : ces liquides et ces masses appartenant d'abord à différens propriétaires devenaient, entre eux, choses communes par le mélange ou la fusion.

D. Que décider pour le cas où le blé de *primus*, se trouvait mêlé avec le blé de *secundus*?

R. Si le fait avait eu lieu du consentement des propriétaires, le blé était commun entre eux; dans le cas contraire, il ne l'était pas, et ils avaient, l'un contre l'autre, l'action en revendication, pour la mesure de blé, dont chacun était propriétaire, et afin de bien régler cette mesure, le juge avait égard à la qualité des grains.

D. Si quelqu'un construisait, sur son fonds, avec les matériaux d'autrui, le propriétaire des matériaux pouvait-il les réclamer?

R. Non, celui qui avait bâti avec ses matériaux, en était considéré comme propriétaire, parce que toute construction suivait le sol : *omne quod solo inædificatur, solo cedit*. Cependant, le premier propriétaire des matériaux ne cessait pas de l'être, mais il ne pouvait ni les revendiquer, ni les faire exhiber, d'après la loi des douze tables; et cela, afin qu'on ne fût pas forcé de démolir. Mais si, par un événement quelconque, l'édifice était abattu, le propriétaire des matériaux pouvait, alors, s'il n'avait pas déjà reçu le double de leur valeur, les revendiquer. Il avait l'action de *tigno juncto*. On entendait par le mot *tignum*, toute espèce de matériaux propres à bâtir, pour se faire payer deux fois la valeur de ces matériaux.

Au moyen de cette indemnité, le constructeur

demeurait propriétaire de tout ce qui composait son bâtiment, heureux d'acheter, à ce prix, la faculté de ne point démolir, faculté à laquelle il pouvait d'ailleurs renoncer, lorsqu'il préférait rendre les matériaux. Mais remarquons que l'on suppose la bonne foi de la part du constructeur, et s'il en était autrement, il serait considéré comme voleur et obligé de démolir ou de payer trois fois la valeur des matériaux.

D. Mais qu'arriverait-il, si l'on bâtissait avec ses propres matériaux sur le fonds d'autrui?

R. Ici, comme dans les cas précédens, l'édifice suit la condition du sol, *illius fit domus cujus et solum est*; mais il y a, quant aux matériaux, cette différence qu'étant employés par leur véritable maître, celui-ci ne peut s'en prendre qu'à lui-même du tort qu'il éprouve par sa faute, et le fait de la construction est alors considéré comme une aliénation tacite des matériaux, lorsqu'on les emploie de mauvaise foi, sur un terrain, dont on sait n'être pas propriétaire. Aussi ne peut-on, dans ce cas, revendiquer qu'après la démolition de l'édifice.

Mais si le constructeur se croit propriétaire du fonds, on ne peut lui supposer l'intention d'aliéner ses matériaux.

D. Que décide-t-on à l'égard de l'écriture et de la peinture, *scripura pictura?*

R. Quant à l'écriture, elle appartient au propriétaire du papier, et Justinien, d'accord avec Caïus, décide que les tableaux, quoique peints sur la toile d'autrui, appartiendront toujours au peintre. En conséquence, celui-ci pourra le revendiquer même entre les mains du propriétaire de la toile, sauf le prix de ce dernier objet qu'il faudra payer, pour n'être pas repoussé par l'exception de dol; mais toujours on suppose la bonne foi du peintre, car, autrement, sa mauvaise foi entraînerait contre lui toutes les conséquences du vol.

D. Que décide-t-on quant aux fruits?

R. Les fruits en général étant les produits de la chose;

appartiennent au maître de cette chose (V. §. 19.) et ne peuvent appartenir qu'à lui, jusqu'au moment où on les sépare du sol, dont ils faisaient auparavant partie intégrale. Ainsi quiconque revendique un fonds , revendique par cela même les fruits pendans, c'est à-dire ceux qui tiennent encore au sol par branches ou par racines (*Caius L.* 41. *ff. de rei vind.*) A leur égard, il ne peut exister aucune difficulté, et c'est uniquement pour les fruits déjà perçus, que l'on distingue entre les possesseurs de bonne ou de mauvaise foi.

D. Qu'entendez-vous par possesseur de bonne foi ?

R. Les possesseurs de bonne foi sont , d'après le texte, ceux qui se croient maîtres de la chose , parce qu'ils la tiennent d'une personne qu'ils considéraient comme propriétaire, et parce qu'ils l'ont reçue , non pas comme fermiers, comme emprunteurs ou comme dépositaires, mais comme acheteurs, comme donataires, ou à tout autre titre, qui, en motivant la tradition, indiquerait en elle un but translatif de propriété ; c'est là ce que notre texte appelle recevoir *ex justâ causâ.* En assimilant le cas de vente et de donation, il indique assez clairement qu'il n'y a aucune différence à faire entre ceux qui possèdent à titre lucratif, ou à titre onéreux. Ils acquièrent également tous les fruits perçus.

Lorsque cette bonne foi n'a jamais existé, ou lorsqu'elle a cessé d'exister , ce qui arrive au plus tard à l'instant où le propriétaire intente son action, (*Diocl. et Max. L.* 22, *C. de rei. vind.*), le possesseur doit tenir compte de tous les fruits perçus sans distinction, et même de ceux qui, bien que non perçus par lui , auraient pu l'être par le propriétaire. (*Papin L.* 62. §. 1. *Paul, L.* 35 *ff. Cod. V.* §. 2. *de off. Jud.*)

D. Quel est le droit relativement aux bestiaux ?

R. Les bestiaux ont aussi leurs fruits ; ainsi, lorsqu'on a trait les vaches, lorsqu'on a tondu les brebis ou les chèvres, le lait , la laine , le poil, sont acquis, d'après les règles et distinctions précédentes , aux usufruitiers et possesseurs de bonne foi ; il en est de même pour les agneaux qui naissent, et en général pour toute espèce de croît, comme les veaux, les chevreaux, les poulains, etc.

D. *Quid* de l'enfant d'une esclave?

R. Par opposition au croît des animaux, l'enfant, dont une esclave accouche, n'étant pas considéré comme un fruit, appartient toujours au maître de la mère; aussi le possesseur de bonne foi n'en devient-il propriétaire que par une usucapion, dont il n'a pas besoin pour les fruits, puisque la perception lui en donne immédiatement la propriété. Le croît des animaux est un fruit, parce qu'on les entretient pour accroître et multiplier son bétail; mais, au contraire, les esclaves sont destinés à servir plutôt qu'à donner des enfans.

D. Ces principes s'appliquent-ils aux fruits civils?

R. Non, il existe à leur égard des règles particulières, dont nous aurons occasion de parler, au titre 4 de ce livre, *De l'usufruit.*

D. Vous avez expliqué jusqu'ici, comment on arrive à la propriété des choses, qui n'appartiennent encore à personne; que direz-vous de la *translation* des objets dont un autre serait déjà maître?

R. Comme alors il ne s'agit pas simplement de constituer le droit de propriété, mais bien de le transférer, il y a dans ce cas non-seulement acquisition d'une part, mais aliénation de l'autre. Celui qui veut acquérir devra donc, conformément aux règles du droit des gens, prendre possession de la chose, et recevoir cette possession du propriétaire même, ou la prendre de son consentement; alors la propriété est acquise *per traditionem*, parce que la tradition n'est autre chose qu'une remise de la possession, et pourvu que l'acquéreur possède avec le consentement de celui à qui la chose appartenait, il possède toujours bien.

D. Quelle est la principale condition pour acquérir la possession?

R. La possession ne s'acquiert jamais à celui, qui détient la chose, que lorsqu'il la détient avec intention, *corpore et animo*; ainsi, lorsqu'on se dessaisit de la chose, pour la mettre en gage, pour en confier la garde à un étranger, ou pour lui en laisser l'usage pendant un certain temps, alors la tradition faite à titre de gage, de dépôt ou de commodité, ne pourrait pas transférer la propriété; effectivement la tradition, considérée comme fait extérieur, ne confère par elle-même aucun droit, et son effet dépend uniquement du but que les parties se sont proposé.

D. Faut-il nécessairement que le propriétaire livre lui-même sa chose?

R. Non. Le fait du propriétaire importe moins que sa volonté; aussi est-il indifférent que la chose soit livrée par lui, ou par tout autre agissant avec son consentement; c'est encore la volonté du propriétaire qui opère par le fait d'autrui, lorsqu'on a confié la libre administration de tous ses biens à une personne qui vend et livre un des objets confiés à son administration: dans ce cas la tradition transfère la propriété.

D. La propriété ne peut-elle pas être transférée, sans que le vendeur ou donateur en perde la possession?

R. Oui, lorsqu'ils conservent la chose pour l'avoir non plus comme propriétaires, mais comme locataires ou comme usufruitiers, conformément aux réserves et conventions qu'ils ont pu faire avec les acheteurs ou donataires; évidemment, ils considèrent la propriété comme déjà transférée, car nul ne peut être ni locataire ni usufruitier de sa propre chose.

D. *Fructuum perceptio*, la perception des fruits n'est-elle pas un mode d'acquérir?

R. La perception des fruits est un mode d'acquérir du droit des gens, qui fait que les biens provenant de la chose d'autrui, sont acquis au possesseur de bonne foi, à l'usufruitier et au colon. *Fructuum perceptio est modus acquirendi dominii juris gentium, quo fructus ex re aliena percepti, acquiruntur bonæ fidei possessori, fructuario et colono.* Nous en avons déjà parlé.

D. Les fruits recueillis sur le fonds d'autrui, devaient-ils être restitués au propriétaire?

R. Si le possesseur était de bonne foi, par exemple

5*.

s'il avait acheté de quelqu'un qui n'était pas, mais qu'il croyait être propriétaire, ou s'il avait reçu à titre de donation, toujours avec bonne foi ; ces fruits lui appartenaient, (*per fructum perceptionem*) à raison de ses soins et de sa culture, mais seulement par interim ; il n'en devenait propriétaire irrévocablement qu'en les consommant. (Voyez M. Ducaurroy, Instit. expliquées n° 386). Il n'était pas obligé de restituer ceux qu'il avait consommés ; mais si le possesseur possédait sciemment le fonds d'autrui, il était tenu de restituer avec le fonds, tous les fruits même consommés.

D. La propriété peut-elle être transférée à une personne incertaine ?

R. Oui, lorsque telle est la volonté du propriétaire. Ainsi, lorsque les consuls ou les préteurs jetaient au peuple des pièces de monnaie, leur intention était de transférer la propriété à celui qui pourrait s'en saisir, et le premier occupant en devenait propriétaire.

D. Quelles sont les manières d'acquérir les propriétés, d'après le droit civil ?

R. Nous l'avons dit plus haut : c'est par la mancipation, la cession *injure*, *la tradition*, *l'usucapion*, *l'adjudication et la loi*. Dans le premier tems de Rome, on ne connut que les manières d'acquérir la propriété du droit civil ; ces manières étaient propres aux citoyens romains, et les étrangers étaient incapables de s'en servir. Mais lorsqu'il y eut à Rome un certain nombre d'étrangers, il fallut créer, pour eux, des manières d'acquérir la propriété. On établit les modes du droit des gens, qui étaient communes aux étrangers et aux Romains. Toutefois, on ne donna pas à toutes ces manières d'acquérir, les mêmes effets. Par celles du droit civil, on acquérait la propriété romaine, *jus quiritarium, dominium quiritarium;* par celles du droit des gens, on n'acquérait que le domaine du itaire, *res rat tantùm in bonis.*

D. Qu'est-ce que la tradition ?

R. La tradition est la translation, à une autre personne, de la possession d'une chose corporelle. *Traditio est translatio rei corporalis in alterum facta.*

D. La tradition considérée comme manière d'acquérir du droit civil, était-elle applicable à toutes sortes d'objets?

R. D'abord, la tradition ne pouvait s'appliquer qu'aux objets corporels, mais, en outre, le droit civil ne considérait comme valablement aliénées par la tradition, que les choses *nec mancipi*; à l'égard des choses *mancipi*, la tradition n'en transférait pas la propriété romaine, elle ne faisait qu'en donner le domaine bonitaire. On n'acquérait, dans ce cas, le domaine quiritaire, qu'en continuant de posséder pendant un certain temps (Voyez titre 6, des usucapions et des prescriptions de longues années.) Ainsi, lorsqu'une chose *mancipi* avait simplement été livrée à quelqu'un, elle avait simultanément deux maîtres, elle appartenait par droit quiritaire à l'ancien propriétaire; elle était *in bonis* du nouvel acquéreur. Dans cette position, ce dernier ne jouissait pas encore de tous les avantages de la propriété, en ce sens qu'il n'avait pas ceux qui dérivaient spécialement du droit civil. Ainsi, en affranchissant un esclave, il ne l'aurait pas rendu citoyen romain, mais il avait tous les avantages que le simple droit des gens attachait à la propriété, et notamment le droit exclusif d'acquérir tout ce que l'esclave acquérait. On ignore de quelle utilité pouvait être le domaine quiritaire seul, *nudum jus quiritum.* Justinien, du reste, supprima cette propriété particulière, et dès-lors la distinction entre les choses *mancipi* et *nec mancipi* devint complétement inutile; mais il est encore nécessaire de la connaître aujourd'hui pour l'intelligence, et la conciliation d'une foule de textes.

D. Expliquez-nous ce qu'on entend par ces termes: tradition fictive ou de brève main, *brevis manûs*, et tradition de longue main, *longæ manûs.*

R. La tradition de *brève main* avait lieu, lorsque celui à qui on voulait transférer une chose, en était déjà

en possession à un autre titre ; par exemple, lorsqu'a-
près avoir loué ou prêté une chose à quelqu'un, ou l'avoir
déposée chez lui, on la lui vendait, ou on la lui donnait.

Il est question aussi dans les textes d'une tradition
de longue main, par exemple, suivant la loi 79 *ff.*, *de
solut.*, lorsqu'un débiteur vient payer la somme qu'il
me doit, et, par mon ordre, la dépose *in conspectu meo*,
la possession m'est acquise *longâ manu*, c'est-à-dire
par les yeux.

D. Qu'est-ce que c'était que la cession en justice ?

R. La cession en justice, *in jure cessio*, était un acte
solennel, dans lequel le préteur, le gouverneur de la
province ou un magistrat du peuple romain, adjugeait,
du consentement du précédent propriétaire, la propriété d'un objet à quelqu'un qui la réclamait.

D. Pouvait-on céder en justice toutes sortes de
choses ?

R. Oui, on pouvait céder en justice les choses corporelles ou incorporelles, *mancipi* ou *nec mancipi*, sauf
un petit nombre d'exceptions.

D. Quelles étaient les choses dont on pouvait
transférer la propriété par mancipation ?

R. On ne pouvait par *mancipation* transférer que la
propriété des choses *mancipi*. Nous détaillerons les formalités de la mancipation au titre X, de la Confection
des testamens, dans notre *Second Examen sur le Droit
romain* que nous nous proposons de publier incessamment.

TITRE II.

Des choses corporelles et incorporelles.

D. Quelle est la deuxième division des choses ?

R. La deuxième division des choses embrasse les choses corporelles et incorporelles.

Les *corporelles* sont celles qui, de leur nature, peuvent être touchées, comme un fonds de terre, un esclave, un habit, l'argent ; il y en a même qui sont invisibles, comme l'air, les odeurs, etc. ; et alors elles se subdivisent en choses *meubles*, c'est-à-dire qu'on peut mouvoir d'un lieu dans un autre, et en *immeubles*, qui ne peuvent être déplacées comme un fonds de terre, un edifice.

Les *meubles* sont *fongibles* ou non *fongibles* ; les choses fongibles sont celles qui se consomment par l'usage, comme le vin, le pain, et même l'argent monnayé qui périt pour celui qui s'en sert.

Les non fongibles sont celles dont l'usage diminue la valeur, sans les anéantir, comme une voiture, un habit.

D. Qu'entendez-vous par choses incorporelles ?

R. Ce sont celles qui ne consistent point dans un objet corporel, mais dans un droit, et que la pensée seule peut saisir, comme l'hérédité, une obligation, une servitude.

L'obligation est un droit dans la personne des créanciers ; dans celle des débiteurs, elle est un lien de droit ; sous ces deux rapports, c'est une chose incorporelle. Nous ferons remarquer que quelques auteurs mettent l'argent monnayé au nombre des choses incorporelles, attendu qu'il n'est rien par lui-même, et qu'il n'est qu'un titre convenu pour se procurer les choses nécessaires.

TITRE III.

Des servitudes d'héritages urbains et ruraux.

D. Qu'est-ce que la servitude des biens ?

R. La servitude des biens *est un droit contre nature* sur un héritage, en faveur d'un autre héritage, appartenant à un autre ; *servitas prædiorum est ejus impositum contra naturam, in quo res unius, alterius prædio vel personæ servit.* On l'appelle *droit*, parce que c'est une chose incorporelle, qui consiste dans un droit, *et contre nature*, parce que toute propriété est libre naturellement.

D. Pourquoi dites-vous que la servitude s'exerce sur un héritage appartenant à autrui ?

R. Parce qu'il ne peut y avoir servitude, que relativement à deux héritages, qui n'appartiennent pas au même individu.

D. Qu'est-ce qu'un *héritage* en général ?

R. C'est une chose corporelle, immobilière, qui consiste dans un fonds, comme un champ, ou bien dans la superficie, comme une maison.

De là, deux héritages, l'héritage *urbain*, c'est-à-dire un édifice, quelles que soient sa destination et sa situation.

Prædium in genere, est res corporalis, immobilis, consistens in fundo, ut ager, vel in superficie ut domus, undè duplex est prædium, urbanum et rusticum.

D. Que faut-il entendre par *héritage rural ?*

R. Le terrain, même considéré isolément, et abstraction faite des constructions. D'après cela, toutes les servitudes, qui tiennent au sol, *quæ in solo consistunt*, sont des servitudes rurales ; toutes celles qui tiennent aux bâtimens, *quæ ædificiis inhærent*, qui se conservent et périssent avec eux, sont des servitudes urbaines.

Prædium urbanum est quilibet fundus inædificatus, prædium rusticum est fundus sine ullo ædificio; servitutes urbanæ, quæ urbano prædio debentur; et rusticæ, quæ rustico prædio debentur.

D. Tous les auteurs sont-ils d'accord sur la distinction que l'on doit faire entre les héritages urbains et les ruraux ?

R. Non, malgré plusieurs textes clairs et positifs, sur ce point, les interprètes ne se sont pas accordés sur la distinction des héritages urbains et ruraux ; plusieurs, au lieu de ranger dans la classe des héritages urbains tous les édifices, ne veulent y comprendre que les bâtimens servant à l'exploitation, comme les héritages ruraux ; mais cette opinion ne peut être admise. En outre des textes qui la repoussent, elle rendrait illusoire la division des servitudes, puisque la même servitude pourrait être tantôt rurale, tantôt urbaine, selon que l'on convertirait une écurie en maison, ou une maison en écurie ou en grange. Telle est l'opinion de M. Ducaurroy.

D. Quelles étaient chez les Romains les principales servitudes rurales?

R. Les principales servitudes rurales étaient :

Le passage, *iter.*

La conduite, *actus.*

La voie, *via.*

L'aquéduc, *aquæductus.*

Le puisage, *aquæhaustus.*

L'abreuvage des troupeaux, *pecoris ad aquam appulsus.*

Le droit de pacage, *jus pascendi.*

Le droit de faire cuire la chaux, *jus calcis coquendæ.*

Le droit d'extraire le sable, *jus arenæ fodiendæ.*

D. Qu'entendait-on par *iter*?

R. C'était le droit qu'avait un homme d'aller et de circuler (*eundi et ambulandi*), mais sans conduire ni bête de somme, ni voiture.

D. Qu'entendait-on par *actus* et par *via*?

R. *Actus* était le droit de conduire une bête de

somme ou une voiture ; quand on avait *iter* on n'avait pas *actus* ; quand on avait *actus* on avait aussi *iter*, et l'on pouvait passer même avec une bête de somme, mais sans voiture. *Via* se composait de la réunion des deux droits *actus* et *iter*. C'était le droit de passage et le droit de conduire un mulet.

D. Si lorsqu'on avait *actus* on avait aussi *iter*, et que *via* ne fût que *iter* et *actus* réunis, qu'elle différence y avait il entre *actus* et *via*?

R. Il y en avait plusieurs ; l'une consistait dans la largeur du chemin, l'autre, en ce que *iter* était ordinairement compris dans *actus*, mais il ne l'était pas indispensablement ; au contraire, pour avoir *via*, il fallait avec *actus*, avoir indispensablement *iter*. Si le chemin, accordé sous le titre de *via*, suffisait au passage des bestiaux, sans suffire à celui des voitures, ce n'était pas *via* que l'on avait accordé, mais seulement *actus*. *Via* était donc une voie pour les voitures.

D. Quelles étaient les principales servitudes urbaines?

R. Les principales servitudes urbaines étaient les servitudes, *oneris ferendi* : qu'un voisin soutiendrait le bâtiment de l'autre, *jus tigni immittendi* : que l'on pourrait faire reposer sa porte, sa poutre sur le mur du voisin *stellicidii fluminis recipiendi aut non recipiendi*, que l'on recevrait l'eau d'un toît ou d'une gouttière, ou qu'on ne la recevrait pas ; *altiùs tollendi*, ou *altiùs non tollendi* : qu'on n'élèverait pas, ou qu'on pourrait élever son bâtiment au-dessus d'une hauteur déterminée, *ne luminibus vicini officiatur*.

D. La servitude *jus luminum* différait-elle de celle *ne prospectui officiatur*?

R. Elle différait en ce que la servitude *ne prospectui* avait plus d'étendue ; dans cette servitude on n'aurait pas pu planter un arbre qui aurait pu gêner la vue ; tandis que le *jus luminum* était simplement le droit de prendre le jour sur le fonds voisin.

D. N'y avait-t-il pas un droit de servitude qui se rapprochait de celle *ne prospectui* , etc?

R. Il y avait une servitude de ce genre plus étendue que celle dont nous venons de parler , c'était *jus prospectûs ;* le droit d'empêcher le voisin de rien faire qui pût gêner la vue.

D. Comment doit-on interpréter les servitudes ?

R. Plusieurs auteurs ont prétendu que lorsqu'on avait constitué les servitudes , et qu'on voulait s'en affranchir, on devait acquérir, les servitudes, contraires qui leur correspondaient , etc. Mais s'affranchir d'une servitude , ce n'est pas en constituer une autre, ce n'est que mettre les choses dans leur état naturel, que rentrer dans le droit commun. L'opinion que nous avons adoptée est maintenant la plus générale ; c'est celle de M. du Caurroy.

D. Que remarquez-vous au sujet de la servitude *oneris ferendi ?*

R. Dans cette servitude , il faut remarquer, selon quelques auteurs , qu'on est tenu , non-seulement de supporter la poutre de son voisin , mais encore de reconstruire le mur qui lui sert d'appui.

D. Comment s'établissent les servitudes ?

R. Elles s'établissent par les stipulations, et les pactes ajoutés à un contrat de bonne foi. Elles s'imposent souvent par une quasi-tradition , c'est-à-dire, par l'usage qu'en fait le propriétaire du fonds dominant, et par la tolérance du fonds servant ; elle ne s'acquièrent point par usucapion , mais par une prescription de long temps, c'est-à-dire , par l'espace de dix ans entre présens et 20 ans entre absens.

D. Comment s'éteignent-elles ?

R. 1° Par la perte du droit de celui qui les a constituées: *resoluto jure dantis, resolvitur et jus accipientis.*

2° Par la confusion , lorsque les deux fonds deviennent *la propriété du même maître.* Il en est de même chez nous. (Art. 705 du Code civil.

3° Par la remise des propriétés dominantes,

4° Par le non usage pendant dix ou vingt ans, s'il s'agit de servitudes rurales, car les servitudes urbaines ne s'éteignent par le non usage, que lorsque le voisin a acquis la prescription.

Il faut trente ans chez nous. (Art. 706 Code civil.)

5° Par le *changement* du fonds servant, si ce changement est tel qu'il empêche l'exercice de la servitude. Lorsque, par exemple, un pré devient étang, la servitude de passage ne peut plus être exercée, mais elle le sera, si les choses reviennent à leur premier état.

Il en est de même dans le droit français (art. 703, 704).

D. Les servitudes peuvent-elles imposer l'obligation de faire ?

R. Non. Elles n'obligent qu'à souffrir, ou à ne pas faire. Car la propriété elle-même n'imposant jamais le devoir de faire ou d'agir, les servitudes, qui ne sont que des démembremens de la propriété, ne peuvent avoir plus d'effet. Lorsqu'un individu s'engage envers son voisin à faire quelque chose, par exemple, à cultiver son jardin, ce n'est point là une servitude attachée à l'héritage, et transmissible avec lui, mais simplement une obligation personnelle.

TITRE IV.

De l'Usufruit.

D. Combien y a-t-il de servitudes personnelles ?

R. Il y en a trois : l'usufruit, l'usage et l'habitation.

L'usufruit est le droit de jouir des choses d'autrui, tant que dure la substance, *usus fructus est jus alienis rebus utendi, fruendi, salvâ rerum substantiâ.* Le mot *uti* dans cette définition signifie recueillir les fruits pour son usage quotidien ; *frui*, jouir, recueillir tous les fruits de la chose, même au-delà de ses besoins.

D. Pourquoi dites-vous, tant que dure la subtance ?

R. On traduit ordinairement ces mots, *salvâ rerum sub-stantiâ*, par, à la charge de conserver la substance ; mais nous croyons avec un savant auteur de la faculté de Paris, que la liaison des idées et l'ensemble du texte indiquent qu'il s'agit ici non pas des obligations qu'impose l'usu-fruit, mais de sa durée ; l'usufruit est un droit qui tient à la chose, qui ne peut durer que tant que dure la sub-stance de cette chose. *Est enim jus in corpore, quo sublato et ipsum tolli necesse est.* Ceux qui traduisent par ces mots, sans en altérer la substance, se fondent sur ce que l'usufruitier ne peut consommer la chose, ni même la changer, en lui donnant une forme nouvelle.

D. Pourquoi dites-vous *la chose d'autrui* ?

R. Parce que l'usage et la jouissance ne sont des droits spéciaux que pour ceux à qui la chose n'appar-tient pas. Car autrement, ces droits se confondraient avec la propriété même, ou n'en seraient que la consé-quence. Nul ne peut donc avoir une servitude quel-conque sur sa propre chose, *nemini res sua servit.*

D. Pouvait-on constituer l'usufruit sur des choses fongibles ?

R. Non ; on ne le pouvait, d'une manière régulière ; un sénatus-consulte permit de léguer un *quasi-usufruit* de choses fongibles par le moyen d'une caution, que le légataire donnait à l'héritier, afin que celui-là eût à res-tituer, à l'extinction de l'usufruit, la même quantité de choses de même espèce et de même qualité, ou bien le prix de l'estimation qui en avait été faite, au commen-cement de l'usufruit. (Idem, chez nous, art. 587, code civil.)

D. Pourquoi dites-vous le quasi-usufruit ?

R. Parce qu'il diffère du véritable usufruit,

1° En ce qu'il ne s'éteint pas par l'anéantissement de la chose ;

2° En ce qu'il transporte le droit du propriétaire à l'usufruitier ;

3° En ce que dans le véritable usufruit, l'usufruitier donne caution de jouir en bon père de famille ; dans le quasi usufruit, il promet de rendre une chose de même espèce et quantité, à la fin de sa jouissance.

D. Comment s'établit l'usufruit?

R. Il s'établit de cinq manières :

1° Par la *stipulation* ;

2° Par les pactes ajoutés à des contrats de bonne foi;

3° Par le testament ;

4° Par la sentence du juge, dans les jugemens contenant partage de famille, et entre associés, lorsque ce magistrat assigne à l'un la nue propriété, et à l'autre l'usufruit ;

5° Par autorité de la loi : ce qui a lieu dans le pécule *adventice* du fils de famille dont l'usufruit appartient au père. De même, la mère remariée n'a que l'usufruit des biens qu'elle recueille *ab intestat*, ou par testament, dans la succession de ses enfans, issus de précédent mariage.

D. Quelles sont les charges de l'usufruitier ?

R. Elles consistent à entretenir la couverture des édifices, à faire les réparations d'entretien, à payer les impôts et autres charges de toute nature, à remplacer les ceps de vignes, et les arbres qui ont péri; et, s'il a l'usufruit d'un troupeau, il est tenu de remplacer par d'autres bêtes celles qui sont mortes.

D. Quelle caution le véritable usufruitier donnait-il?

R. D'après le droit prétorien, le véritable usufruitier donnait également caution par fidéjusseurs, 1° de jouir en bon père de famille ; 2° de remettre à la cessation de l'usufruit, ce qui resterait de la chose même.

D. Comment l'usufruit pouvait-il être séparé de la propriété ?

R. L'usufruit pouvait être séparé de la propriété, de plusieurs manières : principalement par testament, par des pactes nus, et des stipulations.

L'usufruit pouvait aussi s'établir, comme *les servitudes*, par une prescription *longi temporis*, dont nous parlerons au titre 6 *des usucapions*.

D. Comment finit l'usufruit ?

R. De neuf manières : 1° par la perte du droit de celui qui l'a constitué;

2° Par la mort de l'usufruitier, l'usufruit est attaché à la personne; autrement, la propriété serait inutile. S'il a été légué à un autre, il finit par la mort de son maître; s'il l'a été à un fils de famille, il ne finit que par la mort du père et du fils (*Lege* 17, *codice de Usufructu*). Si le legs en a été fait à une municipalité, à une communauté, l'usufruit ne finit qu'après une période de 100 ans, terme le plus long de la vie humaine;

3° Par la grande et moyenne diminution de tête de l'usufruitier, *maximá et mediá capitis diminutione*, parce qu'on assimile cet état à la mort. Autrefois la petite diminution de tête éteignait l'usufruit, mais Justinien changea cette disposition;

4° En usant autrement que devait jouir l'usufruitier, et par le non usage pendant un temps déterminé, c'est-à-dire, pendant dix ans entre absens, s'il s'agit d'une chose immobilière, et pendant trois ans, s'il s'agit d'un meuble.

D. Si l'usufruitier jouissait par d'autres, y aurait-il lieu à l'extinction de son droit?

R. Il faut distinguer: si l'usufruitier a donné l'usufruit, son droit est éteint, parcequ'il ne lui reste plus rien dont il puisse jouir; mais, s'il l'a vendu, l'extinction n'a pas lieu parce que l'usufruitier jouit du prix qui représente la chose.

5° Par la cession faite au propriétaire: la cession faite à un étranger ne produit aucun effet à l'égard du cessionnaire auquel elle ne transporte rien, et le cédant retient les droits d'usufruit. Cela faisait question, autrefois, l'on doutait si l'usufruitier n'était pas dépouillé de son droit par la cession; et si, ce droit ne passant point au cessionnaire, l'usufruit ne se trouvait pas réuni à la propriété; mais la question se trouve résolue, dans les Institutes *de Gaius, de rerum divisione et acquisitione.* § 3.

D. Quelles sont les dispositions du droit français à cet égard?

R. Chez nous, l'usufruitier peut céder indistinctement son droit, qui n'en est pas moins toujours censé reposer sur sa tête, et qui finit par sa mort, sauf le cas où la cession serait faite en faveur du maître de la nue propriété; car alors il y aurait extinction totale de l'usufruit;

6° L'usufruit finit aussi par la consolidation, c'est-à-dire si l'usufruitier a acquis la propriété de la chose; *res nemini sua servit*.

D. Qu'arrive-t-il, lorsque c'est le propriétaire qui acquiert l'usufruit?

R. C'est alors une véritable renonciation, que l'usufruitier fait de son droit. La consolidation est bien la réunion de la propriété à l'usufruit, mais non celle de l'usufruit à la propriété. Autrement, il y aurait consolidation, toutes les fois que l'usufruit s'éteint.

D. Quelles sont les 7e, 8e et 9e manières dont s'éteint l'usufruit?

R. La perte de la chose, l'événement du jour ou de la condition, si ce droit a été ainsi établi, et le changement qui la dénature.

7° La perte de la chose, parce que l'usufruit, reposant sur un objet corporel, ne peut subsister après l'anéantissement de cet objet. Ainsi, si ce droit est établi sur des édifices, l'usufruit ne peut être exercé sur le sol qui reste; si, sur un troupeau, et qu'il se réduise à un nombre de têtes tel, que l'on n'y puisse plus reconnaître un troupeau, l'usufruit s'éteint alors.

8° *Par l'événement du jour ou de la condition;* il est évident que lorsque l'usufruit a été établi, jusqu'à un certain jour, ou sous une certaine condition, il doit cesser dès que ce jour, ou cette condition sont arrivés.

D. Comment l'usufruit s'éteint-il par un changement de la chose qui la dénature?

R. Pour juger si le changement est tel qu'il doive détruire l'usufruit, il faut voir s'il en résulte pour la chose un changement de nom; dans ce cas, ce changement éteint l'usufruit; dans le cas contraire il ne l'éteint pas. Ainsi, une maison brûlée n'est plus une maison, mais un terrain ; l'usufruit est éteint. Au lieu qu'un fonds rural est toujours un fonds, quoique les bâtimens soient brûlés. D'ailleurs le mode de jouissance est déterminé par la nature de l'objet ; or, peut-on jouir d'un terrain comme on jouit d'une maison ? non, sans doute. Donc, quand le testateur a laissé l'usufruit d'une maison, il n'a pas laissé celui d'un terrain. Il en est de même dans le droit français.

D. La reconstruction de la maison ferait-elle revivre l'usufruit ?

R. Non, l'usufruit diffère en cela des servitudes prædiales, qui revivent par le rétablissement des lieux dans leur premier état.

D. Le nu propriétaire profite-t-il de l'extinction partielle de l'usufruit ?

R. Non, l'accroissement a lieu en faveur du cousufruitier ; savoir, si l'usufruit a été légué à plusieurs personnes conjointement : de sorte que, si l'un perd l'usufruit, sa portion ne retourne pas au maître de la propriété, mais à ceux avec lesquels il partage la jouissance de la chose grevée ; et cela a lieu, quand même tous les usufruitiers auraient recueilli le legs, et auraient joui séparément chacun de sa part. Il en est autrement dans le legs de la propriété, où le droit d'accroissement n'a pas lieu, quand une fois les conjoints ont recueilli leur legs. La raison de cette différence résulte de ce que l'usufruit donne une jouissance journalière. Chaque jour, l'un des conjoints aurait droit de prendre tous les fruits, s'il n'en était empêché par un conjoint qui a autant de droit que lui ; or, quand ce dernier n'est plus là pour l'empêcher, il prend tous les fruits.

TITRE V.

De l'Usage et de l'Habitation.

D. Qu'est-ce que l'usage?

R. L'usage est le droit d'user des choses d'autrui, tant qu'en dure la substance, *usus est jus utendi rebus alienis, salva eârum substantiâ.*

Je dis d'*user*, c'est-à-dire de percevoir seulement les fruits nécessaires à l'existence, jour par jour.

Ce droit s'établit et s'éteint comme l'usufruit.

D. Quels étaient les droits de l'usage?

R. Ses droits étaient, dans le principe, de peu d'importance; plus tard, par des concessions successives, on permit à l'usager de prendre le lait, le bois, le foin, le fumier dont il pouvait avoir besoin, jour par jour.

D. Quelle différence y a-t-il entre le droit d'usage de maisons, le droit d'habitation et l'usufruit?

R. Dans le droit d'usage, l'usager doit user par lui-même; si c'est une maison, il doit y habiter lui-même avec sa famille; dans celui d'habitation, il peut louer à d'autres, et ce dernier diffère des droits d'usage et d'usufruit, parce qu'il ne s'éteint pas lorsqu'on s'abstient d'en jouir, ni même autrefois, lorsqu'on avait encourue la petite diminution de tête, l'habitation consistant plutôt dans un fait que dans un droit.

D. Quelle est la disposition du droit français à cet égard?

R. Chez nous, les droits d'usage et d'habitation se perdent comme l'usufruit (art. 625, Code civil), et ni l'un ni l'autre, ne peut être loué ni cédé.

TITRE VI.

Des Usucapions, et des Prescriptions de long-tems.

D. De combien de manières acquiert-on la propriété des choses?

R. On l'acquiert de deux manières par le droit civil : à titre singulier, et à titre universel.

D. Quels étaient les modes d'acquérir à titre particulier ?

R. Il y en avait six : la *mancipation*, la *cession in jure*, l'*adjudication*, la *succession*, la *donation* et le *legs*. Les deux premiers n'ont plus lieu ; il n'en reste que quatre. L'adjudication est une manière d'acquérir par la sentence du juge ; elle a lieu dans les jugements de partage entre parens, associés, co-propriétaires, et entre voisins, pour fixation de limites. *Adjudicatio est modus acquirendi sententiâ judicis ; locum habet in judiciis divisoriis, familiæ erciscundæ, communi dividundo et finium regundorum.*

D. Que remarquez-vous dans ces trois jugemens ?

R. Toutes les fois qu'une chose est adjugée par le juge à l'un des associés, des co-propriétaires, des voisins, il en devient propriétaire de suite et immédiatement. § 7, *de off. judicis.* Mais ce sont les seuls cas dans lesquels un jugement peut donner un droit. Dans tous les autres cas, le jugement ne donne aucun droit aux parties ; il ne fait que déclarer celui qu'elles avaient auparavant. Chez nous, les partages, même judiciaires, ne sont point translatifs, mais seulement déclaratifs de propriété.

D. Qu'est-ce que l'*usucapion* ?

R. L'usucapion est une manière d'acquérir la propriété par la possession, continuée pendant le temps déterminé par la loi. *Usucapio est adjectio dominii per continuationem possessionis temporis, lege definiti.*

D. Pourquoi l'usucapion avait-elle été établie ?

R. Pour que la possession des propriétés ne demeurât pas incertaine, et pour punir les propriétaires négligents de leur indifférence à maintenir leurs droits.

Mais observez, du reste, 1° que l'usucapion n'avait lieu qu'en faveur des citoyens romains; les étrangers ne pouvaient en profiter: *adversus hostem æterna auctoritas esto*, dit la loi des douze tables. Le mot *hostis*, dans l'ancien langage, veut dire étranger. 2° Que les principes ci-dessus établis, ont également lieu dans notre droit, sauf quelques différences que nous aurons soin de faire remarquer.

D. Pourquoi avez-vous dit *adjectio dominii*?

R. Par l'usucapion on ajoute le droit de propriété à la possession qu'on avait déjà.

D. Quand est-ce que l'usucapion est nécessaire?

R. Lorsque quelqu'un a reçu de celui qu'il en croyait propriétaire, une chose qui ne lui appartenait pas. Elle a été introduite pour le bien public, afin que le domaine des choses ne demeurât pas incertain. D'après la loi des douze tables, on prescrivait les meubles dans un an et les immeubles dans deux: *usus auctoritas fundi, biennium esto; cæterarum rerum, annus. Usus* signifie la possession, *auctoritas* la propriété.

D. Qu'est-ce que la possession?

R. La détention d'une chose corporelle qui est dans le commerce: *possessio est rei corporalis in commercio depositæ detentio.*

D. Quelle durée fallait-il, d'après Justinien, pour acquérir la propriété par usucapion?

R. Trois ans pour les meubles, et, pour les immeubles dix ans entre présens et vingt ans entre absens.

La possession avait lieu entre présents, lorsque le propriétaire et le possesseur étaient domiciliés dans la même province; dans le cas contraire, elle avait lieu entre absents.

D. L'usucapion s'appliquait-elle à tous les biens sans distinction?

R. Elle s'appliquait à tous les meubles, sans aucune distinction; mais les immeubles situés en Italie étaient les seuls susceptibles d'usucapion.

D. Comment le préteur avait-il suppléé, en faveur des immeubles situés hors de l'Italie, à l'usucapion qui ne leur était pas applicable?

R. L'usucapion n'étant pas applicable aux immeubles situés hors de l'Italie, quelle que fût la bonne foi du possesseur et la durée de la possession, le véritable propriétaire pouvoit toujours exercer contre lui la revendication; mais lorsque le possesseur l'avait été *longo tempore*, c'est-à-dire, dix ans entre présens et vingt ans entre absens, le préteur lui permettait de repousser par une exception, non-seulement la revendication du propriétaire, mais aussi l'action de quiconque prétendrait exercer sur l'immeuble un droit de servitude, d'hypothèque ou autre semblable. Cette exception se nommait prescription.

D. Quelles sont les conditions pour usucaper?

R. Il y en a quatre: la bonne foi, le titre juste et propre à transférer la propriété, la possession continuée pendant un temps déterminé par la loi; enfin il faut que la chose soit dans le commerce.

1° La bonne foi est la croyance d'une possession juste, légitime, et l'ignorance du droit d'un autre; mais cette croyance doit exister au commencement de la possession.

Il faut que cette opinion soit fondée sur une erreur de fait: *error juris non prodest adquirere volentibus* L. 7 ff. *de juris et facti ignorantia*. L'erreur de droit consiste dans l'ignorance de ce qui est prescrit ou défendu par la loi; et comme une fois que la loi a été légalement promulguée, personne n'est censé l'ignorer, il s'en suit que l'on n'est pas ordinairement admis à alléguer l'erreur de droit; il n'en est pas de même de l'erreur de fait, parce que les faits peuvent être facilement ignorés, si toutefois il s'agit de ceux d'autrui. au lieu qu'on ne peut dire que l'on ignore son propre fait.

D. Pourquoi dites-vous au commencement de la possession?

R. Observez que dans la vente, il faut la bonne foi au moment du contrat et au moment de la tradition, *secùs*, dans la stipulation, où il suffit que la bonne foi existe au moment de la tradition, la raison de différence que paraît donner Paul, l. 15, § ult. ff. de *usurpat.* c'est que la vente étant un contrat de bonne foi, ne permet pas que l'on achète sciemment la chose d'autrui, au lieu que l'on peut, *salvâ fide*, stipuler la chose d'autrui.

D. Qu'est-ce que le titre?

R. Le titre en général est une cause de possession; il est juste lorsqu'il est légal; il est injuste, s'il est défendu par les lois, comme le titre du voleur.

D. Combien y a-t-il de sortes de titres justes?

R. Deux: le titre propre à transférer la propriété, en effet, il la transporte toujours comme la vente; et le titre moins propre à la transférer, comme le louage. *Titulus justus duplex est, idoneus ad transferendum dominium, quo res in perpetuum transfertur, ut emptio venditio; et minùs idoneus quo res ad tempus tantum transfertur ut locatio conductio.* Pour l'usucapion, il faut le titre *justus et idoneus*, etc., c'est-à-dire, un titre qui eût transféré la propriété, s'il fût émané du véritable propriétaire, mais il faut que ce titre existe; l'opinion dans laquelle serait l'acquéreur, qu'il a un juste titre, ne serait pas suffisante, *error falsæ causæ non prodest ad usucapionem*, § 6, *hic.* Si cependant cette opinion, quoiqu'erronée, était probable, *puta*; si elle était fondée sur l'ignorance du fait d'autrui, cela n'empêcherait pas l'usucapion; comme si j'ai chargé quelqu'un de m'acheter une maison, et qu'il m'ait déclaré l'avoir achetée, je pourrai la prescrire, quoiqu'il ne l'ait pas achetée réellement. L. 5, § 1, ff. *pro suo.*

D. Qu'est-ce que la possession?

R. C'est la détention d'une chose corporelle qui est dans le commerce, *rei corporalis; quia res incorporales possunt tantùm quasi possideri.*

Dans le commerce, parce que personne ne peut posséder les choses qui étaient hors du commerce; par exemple, un homme libre, une chose sacrée ou religieuse, un esclave fugitif; (la fuite d'un esclave était considérée comme un vol qu'il avait fait de sa propre personne; les choses volées ou enlevées par violence.

D. Comment faut-il entendre ce principe, que les choses volées ne pouvaient pas être prescrites ?

R. Ce principe ne voulait pas dire que le voleur même ou celui qui les avait enlevées par violence, ne pouvait les prescrire, car, à leur égard, il existait un autre motif qui empêchait l'usucapion, c'était leur mauvaise foi : on voulait dire qu'aucun de ceux qui achetaient ou recevaient du voleur ou du ravisseur, à quelque autre titre, même de bonne foi, ne pouvait usucaper.

D. Si l'usucapion ne pouvait pas s'appliquer aux choses volées, quand pouvait-elle donc être utile ?

R. Lorsque nous recevons une chose, nous la recevons, ou du consentement du propriétaire, ou sans son consentement ; dans le premier cas, la propriété est transférée de suite ; dans le second, la chose a presque toujours été volée, sinon par celui de qui nous la tenons, au moins par un de ceux qui l'ont livrée sans le consentement du propriétaire.

L'usucapion pouvait, malgré cela, être utile ; par exemple, quand une chose avait été louée ou prêtée au défunt, et que l'héritier en disposait, croyant qu'elle appartenait à l'hérédité, celui qui recevait, de bonne foi, cette chose, pouvait la prescrire. Dans ce cas, il n'y avait point de vol, puisque l'héritier, en aliénant la chose, croyait qu'elle lui appartenait. Lorsque l'usufruitier d'un esclave, se croyant propriétaire d'un part, le vendait ou le donnait, l'acquéreur de bonne foi pouvait en prescrire la propriété.

Il est essentiel de remarquer qu'il n'y a point de vol, sans intention frauduleuse, même lorsqu'on commet une erreur de droit ; car l'enfant d'un esclave n'appartient jamais à l'usufruitier ; ce dernier devrait le savoir, mais cependant son ignorance ne constitue point un vol (M. Du Caurroy).

D. Les choses volées ou enlevées par violence, ne devenaient-elles jamais susceptibles d'être prescrites ?

R. Elles ne devenaient susceptibles d'être prescrites que lorsqu'elles étaient rentrées au pouvoir du véritable propriétaire ; c'est-à-dire, lorsque le véritable maitre avait repris possession de la chose comme sienne , et comme lui ayant été volée ; il en était autrement s'il l'avait achetée dans l'ignorance du vol.

D. Si quelqu'un s'était emparé d'un immeuble sans violence , mais sachant bien qu'il appartenait à autrui , et qu'il eut transmis cet immeuble à un acquéreur de bonne foi, ce dernier pouvait-il prescrire ?

R. Oui, ce dernier pouvait prescrire, parce que l'immeuble n'étaitpoint considéré comme volé, le vol supposant déplacement ; cependant plusieurs jurisconsultes avaient été d'opinion contraire.

D. Pouvait-on prescrire les biens du fisc ?

R. Les biens vacans, c'est-à-dire ceux des personnes décédées sans successeur , étaient acquis au fisc , et lui étaient dénoncés par des employés spéciaux : ces biens pouvaient être prescrits, tant qu'ils n'avaient pas été dénoncés, mais du moment qu'ils l'avaient été ils devenaient imprescriptibles.

D. Quelles étaient les choses qu'on ne pouvait prescrire ?

R. En général, pour qu'on pût prescrire une chose , il fallait qu'elle n'eût aucun vice, qui empêchât l'usucapion de s'accomplir. Or , en matière d'usucapion , on appelait choses vicieuses, toutes celles dont l'usucapion était prohibée pour une raison quelconque ; ainsi d'après des lois particulières, on ne pouvait usucaper ni les biens appartenant au peuple romain, ou aux cités , ni le fonds dotal, ni les biens des pupilles. C'est-à-dire, qu'on ne pouvait commencer à les prescrire; mais si la prescription avait commencé avant le mariage, la constitution de dot ne l'interrompait pas. Voici qu'elle était la raison de cette différence : le mari ni la femme ne pouvaient aliéner le fonds dotal ; s'il avait été prescriptible, ils auraient pu s'entendre avec un tiers pour lui en faire passer la propriété , et éluder ainsi la prohibition. Au contraire, la prescription commencée avant le mariage , excluait tout soupçon de collusion.

D. Combien y a-t-il de sortes de possessions ?

R. Il y en a deux, la possession naturelle et la possession civile.

La possession naturelle est la simple détention de la chose, sans intention de se l'approprier. Dans ce sens, elle est juste, lorsqu'elle est conforme aux lois, comme la possession d'un gage entre les mains d'un créancier ; elle est injuste, lorsqu'elle est contraire aux lois, comme la possession du voleur : pour l'usucapion, il faut la possession civile véritable et non interrompue. Elle s'interrompt naturellement, lorsqu'elle passe entre les mains d'un autre. Civilement, lorsque c'est par suite d'une contestation qu'elle nous a été retirée. Remarquez, 1° Que nous pouvons posséder non-seulement par nous-mêmes, mais encore par ceux qui sont sous notre puissance, tels que nos enfans en puissance, et nos esclaves, et même par des tiers qui possèdent en notre nom, tels que le locataire, l'usufruitier et autres semblables.

2° Que la possession s'acquiert *animo simul et corpore*, mais qu'elle peut se conserver *animo tantùm*, c'est-à-dire, que celui qui cesse de posséder corporellement, ou de détenir une chose, soit par lui, soit par d'autres, sans avoir pour cela l'intention d'en abandonner la possession civile, la conserve tant qu'une autre personne ne s'en est pas emparée. § 5 *in fini. Inst. de interdictis.*

D. Comment la possession est-elle continuée ?

R. Elle est continuée, non-seulement dans la même personne, mais elle peut l'être aussi dans plusieurs personnes ; par exemple, d'abord par son auteur, ensuite par son successeur ; on entend par auteur, celui qui a transmis la chose, et par successeur, celui à qui elle est transmise.

D. Combien y a-t-il de sortes de successeurs ?

R. On est successeur à titre universel, comme l'héritier, et à titre particulier, comme l'acheteur, le légataire. Le successeur universel continue l'usucapion commencée par le défunt, quoique l'héritier sache que la chose appartenait à autrui, parce que l'héritier est censé ne faire qu'une seule personne avec le défunt, il suffit que la bonne foi ait existé au commencement de l'usucapion. Mais, au contraire, si le défunt agit de mauvaise foi, l'héritier, quoique de bonne foi, ne peut plus prescrire. On doit faire une distinction pour ce qui concerne le successeur à titre singulier : ou bien l'auteur et le successeur sont tous les deux de bonne foi, et alors on réunit le temps de leurs deux possessions, ou bien l'auteur seul est de bonne foi, et alors le successeur ne pourra pas prescrire. Si c'est le successeur seul, l'usucapion pourra commencer par lui-même, et la mauvaise foi de celui qui aura transmis la chose ne pourra point lui nuire.

D. N'y avait-il pas une espèce d'usucapion appelée prescription ?

R. Oui, on la définit une exception, au moyen de laquelle celui qui avait possédé un immeuble, de bonne foi, à juste titre, et depuis un long espace de temps, pouvait écarter le propriétaire de cet immeuble qui le réclamait, et le créancier hypothécaire qui voulait exercer ses droits. *Præscriptio erat specialis exceptio quâ qui rem immobilem, bonâ fide, justo titulo, longo tempore possederat, summovebat dominum vindicantem et creditorem hypothecarium, jus pignoris persequentem.* Les deux droits avaient plusieurs ressemblances entre eux ; on exigeait pour tous les deux la bonne foi, le juste titre, la possession continuée, mais ils différaient d'une manière : l'usucapion provenait de la loi des douze tables ; la prescription descendait du droit prétorien ; la première avait lieu pour les meubles et les immeubles, l'autre, pour les immeubles seulement. On usucapait les fonds situés en Italie, et l'on prescrivait les biens situés dans les provinces. L'usucapion cessait dans les servitudes, qu'on pouvait au contraire acquérir par la prescription. L'une transférait la propriété, mais l'autre fournissait seulement une exception, qu'on pouvait opposer au propriétaire ou au créancier hypothécaire, mais si celui qui prescrivait avait cessé de posséder, il ne pouvait pas revendiquer.

Enfin, la prescription est interrompue par une contestation en justice, mais non l'usucapion ; ce qu'il
faut entendre dans le sens que, si la demande est rejetée, ce droit est censé n'avoir pas été interrompu ;
mais si elle est admise, et si, à cette époque, l'usucapion n'est pas accomplie, comme le jugement doit
avoir un effet rétroactif au moment de la demande, la
restitution de la chose est ordonnée ; il en est de même
dans notre droit. art. 2247.

D. Ces différences furent-elles toujours mainte-
nues ?

R. Non, Justinien les abrogea toutes, et confondit
l'usucapion avec la prescription de longues années.

D. N'existe-t-il pas encore d'autres prescriptions ?

R. Oui, entr'autres, une prescription de 30 ans fort
célèbre, en vertu de laquelle on repousse les actions
réelles et personnelles ; elle est consacrée dans le droit
français par l'art. 2262 du code civil. Justinien n'en a
pas parlé dans ce titre, et avec raison, puisque ces
prescriptions ne transfèrent point la propriété. A la
vérité, la prescription trentenaire maintient le possesseur, et le préserve des actions dirigées contre lui,
mais sans lui attribuer aucune action pour reprendre la
chose, passée en d'autres mains. Dans ce cas, la réven-
dication appartient à l'ancien maître et à lui seul
quoique déjà repoussé vis-à-vis d'un autre possesseur par la prescription ou exception trentenaire.
(Just. l. 8, § 1, c. de Præscript. 30 ann.)

Les prescriptions dont il nous reste à parler sont
en effet de pures exceptions, et nous aurons occasion
d'y revenir dans un autre titre. Ce sera dans le livre 4,
titre 12 des Institutes, dans la seconde partie de cet ouvrage.

TITRE VII.

Des Donations.

La donation que Justinien présente ici comme un genre d'acquisition particulier, était moins une manière d'acquérir, que le résultat d'une aliénation qui s'opérait comme toutes les autres, par mancipation ou par tradition, suivant qu'ils s'agissait ou ne s'agissait pas de choses *mancipi.* (*V. Constant L.* 4. *c. Th. de donat.*) C'est en remontant aux causes, et au but de chaque aliénation, que l'on distinguait de tout autre, celle que nous appelons ici donation, et qui se fesait non pour accomplir une obligation quelconque, mais par un motif de pure libéralité. Effectivement, l'étymologie du mot donation (*dono datum*) en indique le double sens. Il exprime à la fois la dation (*datum*) ou le fait translatif de propriété, et le don (*donum*) ou la libéralité qui forme le caractère spécial de cette espèce d'acquisition. (*Ducaurroy*, 1er vol. n° 496.)

Le verbe *dare*, dans la langue du droit, a un sens spécial. Il signifie, transférer la propriété (V. § 14. de action.) Ainsi la donation pourrait être assez bien définie en deux mots : *Doni datio.*

D. Qu'est-ce que la donation, d'après la définition des Instituts?

R. La donation est une libéralité faite, sans y être aucunement obligé, par une personne à une autre qui l'accepte: *Donatio est liberalitas, nullo jure cogente, in aliquem accipientem collata.* La donation serait vaine, si le donataire n'en devenait pas plus riche. *Nullo jure cogente*, sans y être obligé, autrement ce serait une obligation. *accipientem*: pour la validité, le consentement du donataire est de rigueur; on ne confère pas un bienfait à quelqu'un, malgré lui.

D. La donation est-elle une manière d'acquérir du droit des gens, ou du droit civil?

R. Justinien paraît ici mettre la donation au nombre des manières d'acquérir par le droit civil. Cependant la donation proprement dite est réellement du droit des gens, comme la vente, le louage ; mais c'est qu'il entend parler principalement de la donation pour cause de mort, et de la donation *propter nuptias*, qui peuvent sous quelques rapports provenir du droit civil. Au surplus, dans la dernière législation établie par cet empereur, il est certain que la donation entre-vifs n'est plus une manière d'acquérir, mais un titre pour acquérir.

D. Quelles qualités principales devait avoir la donation pour être valable ?

R. Il fallait que le consentement des parties, fût constaté par écrit, le donateur devait se dessaisir de la chose donnée en présence de plusieurs témoins enfin, la donation devait être insinuée sous peine de nullité, c'est-à-dire, que l'écrit, qui le constatait devait être déposé parmi les actes des magistrats compétens.

D. Combien y a-t-il de donations ?

R. On en distingue deux ; la donation à cause de mort, et celle entre-vifs, *mortis causa, et inter vivos.*

D. Qu'est-ce que la donation à cause de mort !

R. On appelle donation à cause de mort, celle qui est faite pour le cas de la mort du donateur, (*sub contemplatione mortis*); de sorte que la donation, faite par un mourant, serait censée faite entre-vifs, à moins qu'elle n'énonçât que c'est en vue de sa mort prochaine. En conséquence, ce n'est que d'après les termes de l'acte, et non d'après l'état de santé du donateur que l'on peut juger, si une donation, est ou non pour cause de mort. Il en serait de même dans notre droit.

Par la même raison, un homme, qui est en pleine santé, et qui n'est exposé à aucun danger, peut cependant donner pour cause de mort, s'il le déclare formellement.

D. Qu'elle est l'utilité de cette distinction ?

R. Elle est importante, à cause de la révocabilité, qui est de l'essence des donations pour cause de mort, tandis que les donations entre-vifs sont en général irrévocables.

Dans le droit français, les donations entre mari et femme, pendant le mariage peuvent sous beaucoup de rapports, être assimilées à des donations pour cause de mort. (Art. 1096, du Code civil.)

D. Qu'est-ce qui caractérise la donation à cause de mort?

R. C'est l'imperfection de la libéralité et sa révocabilité; car lorsqu'on donne pour ne jamais reprendre, la donation quoique faite au lit de mort, forme réellement une donation entre-vifs. Dans ce cas, c'est la mort qui détermine à faire, mais ce n'est pas elle qui produit la donation.

D. De combien de manières peut-elle avoir lieu?

R. De trois manières:

1° On peut subordonner la donation à cette mort générale à laquelle tout homme est sujet. Je vous donne *si je meurs*, c'est-à-dire, *si je meurs avant vous*.

2° Dans la *prévoyance* d'un danger particulier, on peut donner avec l'intention que la propriété ne soit transférée, que lorsqu'on y aura succombé.

3° On peut donner également, en vue d'un danger particulier, avec intention que la chose soit transférée à l'instant, et néanmoins à condition que la donation se trouve résolue, dans le cas où on échapperait au péril; telle est la donation de Télémaque à Pirée, dans Homère.

Πειρας, ου γαρ τ'ιδμεναι.

Si je dois succomber à des piéges secrets,
(Car qui peut du destin connaître les arrêts!)
Pirée, au lieu de voir les trésors de mon père
Livrés aux prétendans que poursuit ma colère,
Je te les donne, ami. Mais si les dieux vengeurs
Punissent par mon bras ces lâches séducteurs,
Tu me rendras alors, en partageant ma joie,
Les biens dont ces tyrans faisaient déjà leur proie.

D. Comment est-elle révocable ?

R. Au gré du donateur. De plus, elle serait résolue, si le donataire mourait avant le donateur, parce que, dans la donation à cause de mort, qui n'est parfaite qu'au décès du donateur, le donataire doit, à cette époque, être capable de recevoir, comme le donateur, de donner.

D. La donation à cause de mort, diffère-t-elle du legs ?

R. Quoiqu'elle ait quelque ressemblance avec le legs, cependant elle en diffère sur plusieurs points. Comme lui, elle est un moyen d'acquérir la propriété, elle est révocable jusqu'à la mort, sujette à la falcidie, au droit d'accroissement ; elle n'a pas besoin d'être insinuée.

Mais elle diffère du legs, principalement en ce que pour la validité de la donation, il faut le concours de deux volontés, celles du donateur et du donataire; au lieu que la volonté seule du testateur suffit pour la validité du legs.

D. Qu'est-ce que la donation entre vifs et celle à cause de mort ?

R. La donation entre vifs, ou donation proprement dite, est celle par laquelle le donateur se dépouille actuellement d'une chose, sans intention de jamais la reprendre. Autrefois cette donation était un pacte nu, qui ne donnait aucune action ; elle était parfaite par la tradition, et, dans ce sens, une manière d'acquérir la propriété ; mais Justinien voulut qu'elle s'accomplît par le seul consentement. Maintenant elle est un pacte légitime, qui produit une action appelée *condictio ex lege*.

D. Comment diffère-t-elle de la donation à cause de mort ?

R. Une fois accomplie, elle ne peut être révoquée que pour une cause déterminée par la loi, qui en reconnaît deux : la survenance d'enfans au donateur, et l'ingratitude du donataire envers son bienfaiteur.

D. Quelles sont les causes d'ingratitude ?

R. On en compte cinq :

1° Si le donataire a injurié d'une manière grave le donateur.

2° S'il a attenté à sa vie.

3° S'il a exercé contre lui de mauvais traitemens.

4° S'il lui a fait perdre par ses menées une partie considérable de sa fortune.

5° Enfin, s'il n'a pas exécuté les conditions apposées à la donation.

D. Ces dispositions sont-elles consacrées en droit français ?

R. Oui, seulement la dernière cause de révocation a des effets plus étendus que les quatre premières ; car elle résout toutes les aliénations ou hypothèques, qui ont pu être faites ou consenties par le donataire, ce que ne font pas les autres, qui sont regardées spécialement chez nous, comme des faits d'ingratitude. (Art. 953 et 954 du Code civil.)

D. En quoi diffèrent la cause de survenance d'enfans et celle d'ingratitude ?

R. 1° par le fait de la survenance d'enfans, la révocation a lieu de plein droit, tandis que dans le cas d'ingratitude, de sévices, le donateur doit intenter une action.

2° La donation entre vifs, si elle excède 500 *solides*, doit être insinuée, c'est-à-dire, rapportée sur les registres publics.

Cette formalité n'est pas exigée pour celle à cause de mort, qui n'a lieu qu'abstraction faite des dettes.

D. Que remarquez-vous relativement à l'insinuation ?

R. 1° Que la donation non insinuée n'était pas nulle, mais réductible à 500 *solides*. (L. 34, Code *eod.*

2° Que s'il y avait plusieurs donations faites à la même personne, en différens temps, elles ne devaient point être insinuées, si aucune n'excédait cette somme. (*Ibid.*)

3° Que si c'était une donation annuelle, et pour la vie du donataire ou du donateur, l'on ne devait pas

en calculer le fonds ; mais faire comme s'il y avait autant de donations que d'années ; en conséquence, il n'y
avait lieu à insinuation qu'autant que le revenu d'une
année excédait la somme ci-dessus. (L. 34 , § 4, *eod.*);

4° Qu'il y avait des donations qui n'avaient pas besoin de l'insinuation, même quand elles excédaient
la somme prescrite, telles que les donations faites
au prince ou par lui ; celles qui avaient pour objet la
rédemption des captifs, etc. (L. 34 , *eod.*)

Chez nous, l'on exige la transcription, mais pour les
donations d'objets immobiliers seulemeent (art. 939),
et cette transcription n'est exigée que dans l'intérêt
des tiers acquéreurs ou créanciers (art. 941 , ; par conséquent, le défaut de transcription n'emporte pas la
nullité de la donation.

3° La donation à cause de mort, transfère par elle-
même immédiatement au donataire, la propriété de la
chose, si toutefois le donataire persévère dans la même
volonté jusqu'à sa mort ; la donation entre vifs, au
contraire, transfère la propriété d'une manière mé-
diate et par tradition.

4° Dans la première, il y a lieu au bénéfice de la
compétence ; dans l'autre, à la rétention de la falcidie.

D. N'y a-t-il pas d'autres donations ?

R. Il y en a d'autres qui sont appelées improprement
donations, car elles n'ont pas pour seul objet le désir
de faire une libéralité ; ce sont la dot, et la donation
anté nuptias.

D. Qu'entendez-vous par dot, et par donation
à cause de mariage, *propter nuptias ?*

R. La dot est tout ce qui est donné au mari par la
femme, ou par quelqu'autre en son nom, pour
soutenir les charges du mariage. *Dos est quidquid à mu-
liere nupturâ, vel ejus nomine marito datur ad sustinenda
matrimonii onera.*

La donation *propter nuptias*, est celle que le mari fait
à sa femme, pour sûreteet pourcompensation de sa dot

Donatio propter nuptias est ea quæ à sponso in sponsam vel à marito in uxorem confertur, dotis compensandæ causâ.

D. Cette espèce de donation est-elle connue dans notre droit français?

R. Non, l'art. 2135 du Code civil donne à la femme une hypothèque légale et tacite sur les biens de son mari, pour sûreté de ses reprises et conventions matrimoniales.

D. Quand devait se faire cette espèce de donation?

R. Comme les donations étaient prohibées entre époux, on devait faire celle-là avant la célébration du mariage, aussi l'avait-on nommée d'abord donation *ante nuptias*. L'empereur Justin, père adoptif de Justinien, avait permis que cette donation fût augmentée pendant le mariage, dans le cas où l'on augmenterait la dot; Justinien alla plus loin, et voulut qu'à l'exemple de la dot, qui pouvait non-seulement être augmentée, mais même être constituée pendant le mariage, la donation *ante nuptias* pût se faire, soit avant, soit après la célébration des noces; aussi l'appelait-on alors *donatio propter nuptias*.

Cet acte, nous l'avons dit, était une espèce d'assignat accordé à la femme sur les biens du mari, pour sûreté de la restitution de sa dot; et avait cela de particulier qu'il devait être égal à la dot (*Nor.* 97, *cap.* 1.)

D. Indiquez-nous, dans l'ancien droit, une manière particulière d'acquérir, qui était le résultat indirect d'une donation?

R. Dans le dernier paragraphe de ce titre, Justinien parle d'un mode particulier d'acquérir; il s'agit du cas où l'un des propriétaires d'un esclave l'affranchissait solennellement. Alors, la part qui lui appartenait dans l'esclave, accroissait aux autres propriétaires qui n'avaient pas concouru à l'affranchissement.

D. Justinien conserva-t-il ce mode d'accroissement?

R. Non, il le trouva odieux, et abrogea par la
disposition qui se trouve dans la loi, 1, § 1, Code de
Comm., serv. man. et par laquelle il statua que dans
l'espèce proposée, l'esclave acquerrait sa pleine liberté, en indemnisant les autres propriétaires de la
valeur des portions qui leur appartenaient.

TITRE VIII.

De ceux qui peuvent ou ne peuvent pas aliéner.

La tradition, et presque toutes les autres manières
d'acquérir, ne nous rendent propriétaires que par translation, c'est-à-dire en dépouillant l'un de ce qu'elles
donnent à l'autre. Elles opèrent donc à la fois acquisition et aliénation : aussi, la tradition ne devient-elle
une manière d'acquérir, que lorsqu'elle procède d'une
personne capable d'aliéner.

La propriété donne, ainsi que nous l'avons expliqué,
un droit exclusif et absolu sur les choses. Aussi, en général, est-ce au propriétaire, et au propriétaire seul,
qu'appartient le pouvoir d'aliéner.

D. Qu'est-ce que l'aliénation ?

R. Ce mot peut-être pris au propre ou dans un sens
plus étendu : au propre, il signifie la translation de la
propriété, ou l'acte qui rend quelqu'un propriétaire de
notre chose, *actus quo res nostra fit aliena.*

Dans un sens plus étendu, c'est une diminution quelconque de notre bien ; *quaecumque patrimonii nostri di-
minutio.*

D. Quelle règle doit-on suivre dans l'aliénation ?

R. Il y en a deux :

La première, qu'il faut être propriétaire pour pouvoir
aliéner ;

La deuxième, que celui qui ne l'est pas, ne peut consentir une aliénation.

D. La première règle ne souffre-t-elle pas des exceptions ?

R. Cette règle a deux exceptions:

1° Certains propriétaires sont incapables d'aliéner;

2° Quelquefois on peut aliéner une chose, sans en être propriétaire.

D. Quels sont les propriétaires qui ne peuvent pas aliéner?

R. Justinien cite les pupilles, et les maris relativement au fonds dotal.

D. Quel était, dans l'ancien droit, le pouvoir du mari sur le fonds dotal?

R. Le mari était propriétaire de l'immeuble qui lui avait été donné en dot. Cependant, d'après la loi *Julia*, quand cet immeuble était situé en Italie, il ne pouvait l'aliéner qu'avec le consentement de sa femme, mais il n'avait pas le droit de l'hypothéquer. Nous disons le *fonds dotal*, parce qu'il pouvait aliéner les meubles, à moins qu'il le fît en fraude des droits de sa femme. *Maritus, quamvis sit fundi dotalis dominus, eum tamen alienare non potest, lege Juliâ prohibente, quâ cautum est, ne maritus fundum dotalem italicum, inæstimatum, invitâ uxore, alienaret, vel, eâ, etiam consentiente, oppigneraret.*

Les immeubles provinciaux pouvaient être vendus, comme étant d'un moindre prix, et de même le fonds dotal s'il avait été estimé, parce que l'estimation en valait vente.

Dans notre droit, il faut qu'il soit dit expressément que l'estimation a été faite, pour transférer la propriété de l'immeuble au mari. (Art. 1552 du Code civil.)

D. Puisque le consentement de la femme suffit pour aliéner l'immeuble dotal, comment ne suffit-il pas pour l'hypothéquer?

R. La règle générale, *qui peut le plus peut le moins*, souffre ici une exception. L'on avait craint que les femmes ne consentissent plus facilement une hypothèque qu'une aliénation, *lex arctiùs prohibet quod facilius fieri putat.*

D. Quels furent les changemens que Justinien fit à ce droit?

R. Justinien, par la loi *Julia*, supprima toute différence entre les biens situés en Italie et ceux situés en province, et entre l'hypothéque et l'aliénation. Il défendit également l'une et l'autre, quand même la femme y aurait consenti, et quelle que fût la situation de l'immeuble dotal.

D. Quels étaient les autres propriétaires qui ne pouvaient pas aliéner ?

R. C'étoient les pupilles; les aliénations qu'ils consentaient étaient nulles, si elles n'avaient été consenties par leur tuteur; il en était de même du mineur et de l'interdit; les aliénations faites par eux étaient nulles ou rescindables. Il en est ainsi chez nous. (Art. 1304 du Code civil.)

De plus, le fils de famille ne pouvait aliéner les biens, dont son père avait l'usufruit, sans le consentement de ce dernier. (*L.* 8., § 5, *cod.* de bonis *quæ liberis.*)

D. Quelle était la conséquence de cette incapacité ?

R. Le pupille ne pouvait *dare mutuò*, ni faire de paiement valable, parce que le *mutuum* et le paiement sont des moyens de transférer la propriété.

Dans ces deux cas, la chose prêtée ou payée pouvait être revendiquée; mais si elle avait été reçue et consommée de bonne foi, c'est-à-dire, par quelqu'un qui ignorât l'âge du pupille, la consommation rendait le prêt ou le paiement valables.

D. Quel était le motif de cette décision ?

R. Cette décision était fondée sur ce que la revendication ne peut avoir lieu, que contre celui qui possède et qui a cessé par dol de posséder. Or, ici l'emprunteur ou le créancier ne possède plus, puisque la chose est consommée. Ce n'est pas par dol qu'ils ont cessé de posséder, puisqu'on suppose qu'ils ont consommé de bonne foi; la revendication ne peut donc point être exercée contre eux; le prêt et le paiement ont, à leur égard, le même effet que s'ils avaient été faits valablement dès le principe. Cette disposition est consacrée dans notre droit, pour ce qui concerne le paiement, par l'art. 1238 du Code civil.

D. Pouvait-on payer valablement à un pupille ?

R. On ne pouvait pas payer valablement à un pupille, non qu'il ne fût capable d'acquérir la propriété de la chose payée, mais parce que le paiement éteignait l'obligation contractée à son profit.

D. Pouvait-on payer au moins au tuteur, sans aucune formalité ?

R. On ne pouvait payer valablement, qu'avec l'autorisation du juge; autrement, on courait risque de payer une seconde fois, si le tuteur devenait insolvable. Chez nous, le tuteur a la capacité suffisante pour recevoir le paiement de toutes les sommes dues au mineur.

D. Dans quel cas pouvait-on aliéner une chose, sans en être propriétaire ?

R. Le créancier pouvait toujours, après trois avertissemens préalables donnés au débiteur, vendre les choses qui lui avaient été données en gage. La permission d'aliéner se trouvait dans la nature du gage. Aucune convention ne pouvait priver le créancier de ce droit.

Alors, quand le débiteur avait spécialement permis l'aliénation du gage, ce n'était plus une exception au principe général; on pouvait dire que la chose n'était aliénée que par la volonté du propriétaire.

D. Quelle est la marche prescrite au créancier par la loi 3 Code *de jure dom. impet.* ?

R. Il doit d'abord faire la soumission de payer ; deux ans après la sommation, il peut faire vendre le gage: S'il ne se présente pas d'acquéreurs, et que le débiteur soit présent, il lui fera une nouvelle sommation ; s'il est absent, il fera fixer par le juge un délai dans lequel le débiteur sera tenu de payer et de retirer le gage.

Si le débiteur fait défaut, le créancier peut obtenir du prince de devenir propriétaire du gage ; mais cette vente est encore révocable pendant deux ans, durant lesquels le débiteur, en payant le capital et les intérêts, peut encore retirer le gage ; après ce temps, elle est irrévocable.

D. Quel est le droit français sur cette matière ?

R. Le créancier peut faire vendre la gage, à défaut de paiement, à l'échéance de la dette; il peut même faire ordonner en justice que le gage lui demeure en paiement, jusqu'à due concurrence, d'après une estimation faite par experts. (Art. 2078 Code civil.)

TITRE IX.

Par quelles personnes on acquiert.

Nous acquérons par nous-mêmes les choses dont la propriété nous est directement transmise ; par exemple, celles dont nous serions personnellement devenus légataires, donataires, etc. ; et, au contraire, nous acquérons par autrui, lorsque toutes les conditions requises pour transférer la propriété, s'accomplissent par une autre personne, qui devient réellement propriétaire, mais dont la propriété est indirectement la nôtre, à raison des droits que nous avons sur cette personne. Ainsi la donation que l'on voudrait faire au maître, l'hérédité qui lui serait déférée, ne peuvent être acquises que par lui ; mais si la donation était offerte, et si l'hérédité était déférée à un esclave, c'est l'esclave qui devrait accepter, parce que c'est à lui que l'on veut donner et à lui que l'hérédité est déférée. (Paul. l. 10, ff. de don. ; v. § 1 *ec hæred. inst.*) Dans ce cas, la propriété est acquise par donation ou par succession à l'esclave, et, par l'esclave, à son maître. (V. § 3, h. t.)

D. Ne pouvait-on pas acquérir autrement que par soi-même ?

R. Les Romains acquéraient la propriété et la possession des choses, non-seulement par eux-mêmes, mais même encore par ceux qui étaient sous leur puissance, c'est-à-dire par leurs fils de famille et leurs esclaves ; par les esclaves dont ils avaient l'usufruit ; enfin par les hommes libres, et les esclaves d'autrui, qu'ils possédaient de bonne foi.

6*.

1° Par leurs fils de famille. Autrefois tout ce que le fils de famille acquérait, appartenait au père; mais dans la suite on établit, en faveur des premiers, des pécules de différentes espèces.

D. Qu'entendait-on par *pécule?*

R. On appelait *pécule*, en général, certaines sommes que les fils de famille et les esclaves avaient en propre, et dont le père de famille ou le maître ne leur demandait pas compte.

Les esclaves avaient souvent une certaine quantité de biens, dont le maître leur confiait l'administration, et dont ils tenaient un compte séparé.

D. Combien y avait-il de *pécules* pour les fils de famille?

R. Les fils de famille avaient quatre espèces de pécules. Le pécule *castrans*, *castrense*; le pécule *quasi-castrans*, *quasi castrense*; le pécule *profectice*, *profectitium*, et la pécule *adventice*, *adventitium*.

D. Quel était le pécule *castrans?*

R. On appelait ainsi tout ce que le fils de famille acquérait dans le service militaire ou à son occasion. *Castrense est quod filius in militiâ armatâ vel ejus occasione adquirit.*

D. Qu'appelait-t-on pécule *quasi castrans?*

R. Tout ce qu'il acquérait dans les fonctions civiles, dans la profession d'avocat, de médecin, d'ecclésiastique, dans les arts libéraux, dans les charges et les dignités auprès de la personne du prince appelé *palatini*, de *palatium*.

D. Quels sont les droits des fils de famille dans les pécules *castrans* et *quasi castrans?*

R. Pour ces pécules, le fils de famille est considéré comme père de famille. Il peut donc en disposer; mais s'il ne l'a point fait en mourant, alors ils appartiennent au père, comme dans l'ancien droit, et ce retour a lieu par la force de la puissance paternelle, et non par droit d'hérédité.

D. Pourquoi établissez-vous cette distinction?

R. Il y a cette différence , entre le droit provenant de la puissance paternelle et celui de l'hérédité,

1º Que si le père n'avait pu recueillir des biens que *jure hæreditatis* , il eût été obligé de se porter héritier de son fils . et , en cette qualité , de payer ses dettes , *etiam ultrà vires* ; au lieu qu'en les prenant *jure peculii* , il les prenait sans être héritier, et n'était tenu que des dettes du pécule et encore *intrà vires peculii* ;

2º Que l'action *hæreditatis* était perpétuelle , et l'action *peculii* annale.

D. Justinien n'a-t-il pas changé cette disposition ?

R. Par la novelle 118, chap. 1 et 2 , les enfans du fils de famille sont préférés au père de famille. Si , à défaut d'enfants , il y a des frères germains , le père concourt avec eux pour la portion virile. Les frères d'un seul côté sont exclus par le père.

D. Qu'appelait-on *pécule profectice ?*

R. On appelait ainsi tout ce que le fils de famille acquérait de la chose du père de famille , *quod ex re patris proveniebat , quod ex occasione patris.*

Ce pécule appartenait tout entier au père, et le fils n'en avait que l'administration. Mais cette administration lui donnait le droit de consommer le pécule , et de l'obliger tellement, que le père était tenu , *intrà vires peculii* , de toutes les obligations contractées par son fils, *ex causâ peculiari* , excepté cependant pour cause de prêt, d'après le senatus consulte macédonien. En un mot , à l'égard des tiers , le fils était censé propriétaire du pécule profectice, tant que le père lui en laissait l'administration , et même quand il était émancipé , le pécule lui restait, à moins que le père ne le lui eût retiré formellement. (L. 51, § 2 *de donat.*) Et si, avant l'émancipation , le père encourait la confiscation, cette peine ne comprenait pas le pécule profectice.

D. Qu'est-ce que le pécule *adventice ?*

R. C'est tout ce que le fils de famille acquiert d'une chose autre que de celle du père de famille , comme les biens maternels, les bénéfices du commerce, les gains nuptiaux; *adventitium est illud quod filiis familias*

aliundè quàm ex re patris advenit , qualia sunt bona ma-
terna , lucra ex commercio , etc.

La propriété de ce pécule appartient au fils, l'usufruit au père ; et le premier ne peut en disposer par
testament.

D. Le fils peut-il aliéner ce pécule ?

R. Le fils, quoiqu'ayant la nue propriété de ce pécule,
ne peut l'aliéner qu'avec le consentement de son père.
Cette loi est fondée sur ce qu'il n'est par indifférent,
pour l'usufruitier, que telle ou telle personne ait la nue
propriété du bien, dont il a l'usufruit. Le fils ne
peut également en disposer par testament, même avec
le consentement de son père, parce que le droit de
tester n'est accordé que par la loi, et ne dépend po'nt
de la volonté d'un tiers. Mais il peut donner le pécule
pour cause de mort, parce que la donation est de droit
privé, comme nous l'avons vu plus haut.

De même le fils, quoique propriétaire, ne peut
intenter les actions même relatives à la propriété ; le
père seul en a le droit, non comme usufruitier, mais
comme étant en même temps légitime administrateur
du pécule ; seulement il devait avoir le consentement
de son fils, excepté dans le cas où celui-ci est absent
ou trop jeune. L. ult. § 3 , Cod. *de bonis quæ liberis ,*
etc.

D. N'y a-t-il pas de biens adventifs, dont le
père n'a pas l'usufruit ?

R. Il y en a plusieurs, qui sont :

1° Ceux d'une succession, dont le père a refusé
d'autoriser l'acceptation. L. 8, Cod. eod.

2° Ceux qui ont été donnés au fils, à condition que
le père n'en aura pas l'usufruit. *Idem* chez nous. (Art.
38_7, Code civil);

3° Ceux qui proviennent des successions des frères
et sœurs, auxquelles le père a concouru ;

4° Enfin les biens déférés aux enfants, par suite du
divorce, opéré par le père sans cause légitime (Authen.,
excipitur et les deux suivantes. Cod. *de bonis quæ liberis*
etc.)

Remarquez que cet usufruit, une fois acquis au père, ne s'éteint que par sa mort, quand même le fils viendrait à mourir avant lui.

Anciennement, en émancipant son fils, le père pouvait retenir le tiers du pécule adventice, en toute propriété. Mais Justinien changea cette disposition et voulut qu'au lieu du tiers en propriété, le père pût seulement retenir la moitié en usufruit ; § 2. de ce titre.

Il y avait même cela de particulier, que le père, en émancipant ses enfans, conservait cette moitié, à moins qu'il ne leur en eût fait la remise. (*L.* 6, § 3. *Cod. de bonis quæ liberis, etc.*) Tandis qu'il perdait le pécule profectice, s'il ne l'avait retiré en émancipant ses enfans. On donne pour raison de cette différence, que le père, en sa qualité d'usufruitier, possédant le pécule adventice, n'avait pas besoin de stipulation formelle pour le retenir ; il suffisait qu'il ne le rendît pas, au lieu que c'était le fils qui possédait le pécule profectice. Le père était censé le lui laisser, par cela seul qu'il ne le lui retirait pas.

D. Qu'arrivait-il, à l'émancipation du fils, relativement à son pécule adventice ?

R. Constantin avait voulu que, dans ce cas, le père conservât un tiers de ce pécule, en propriété et en usufruit. Sous Justinien, le père ne conserva que l'usufruit de la moitié du pécule, comme nous l'avons vu plus haut.

D. Mais que signifie cet usufruit de moitié sur les biens, dont le père avait déjà l'usufruit total ?

R. Il est certain que la jouissance ainsi accordée à l'émancipateur, n'aurait rien ajouté à celle qu'il avait déjà comme père de famille, si celle-ci avait dû continuer après l'émancipation, et si les deux usufruits qui frappaient sur les mêmes biens, les avaient frappés en même temps ; mais il n'en était pas ainsi. L'usufruit total que le père de famille acquérait en cette qualité, cessait avec la puissance paternelle, qu'il aliénait volontairement par l'émancipation. L'usufruit de moitié, au contraire, commençait à l'instant où finissait la puissance paternelle, et par l'effet même de l'émancipation qui éteignait le précédent. (Voy. M. Ducauroy, n° 517.)

D. Comment pouvait-on acquérir par ses esclaves?

R. Les Romains acquéraient tout ce que leurs esclaves recevaient par tradition, donation, legs ou institution d'héritiers; ils acquéraient même à leur insu, et malgré eux; en un mot l'esclave qui était sous leur puissance, ne pouvait rien avoir à lui; tout ce que celui-ci acquérait devenait la propriété de son maître, mais toutefois avec la distinction suivante :

S'il s'agit de la propriété, elle est acquise, de plein droit, au maître, *etiam ignoranti*. § 3 de ce titre, sauf à lui à refuser s'il le juge convenable, et sauf encore le cas de l'acceptation d'une succession, à laquelle l'esclave ne peut procéder valablement sans le consentement de son maître, et cela pour deux raisons : la première c'est que l'acceptation d'une succession est un acte légitime, qui ne peut être fait que par celui qui a toute la capacité requise; et la seconde, c'est qu'une pareille acceptation emporte obligation de payer toutes les dettes de la succession; obligation que l'esclave ne peut imposer à son maître.

Mais, quant à la possession, il faut distinguer; s'il s'agit des choses du pécule, l'esclave en acquiert la possession à son maître, *etiam ignoranti*. L. 1. § 5, ff. *De adquir. vel amitt. poss.* A l'égard de toutes les autres choses, il n'en acquiert la possession à son maître que *scienti et consentienti* : L. 44 § 1, *eod.* La raison de différence est que, pour acquérir la possession, il faut *corpus et animus*. Lorsqu'il s'agit du pécule, le maître qui possède déjà, et qui a l'intention de posséder le pécule par son esclave, est censé posséder également tout ce qui en fait partie. Or, cela ne peut s'appliquer aux choses qui sont *extrà causam peculiarem*; par la même raison le maître peut prescrire, *etiam ignorans*, les choses qui font partie du pécule. L. 47. ff. *de Usucap.*

D. Ces distinctions s'appliquent-elles aux fils de famille?

R. Les distinctions que nous venons d'établir,

s'appliquent également aux fils de famille, pour ce qui concerne le pécule profectice, à l'égard duquel ils sont entièrement assimilés aux esclaves.

D. N'acquiert-on pas aussi par l'esclave d'autrui?

R. On acquiert aussi par l'esclave, que l'on possède de bonne foi, ou dont on a l'usufruit, mais seulement ce que l'esclave acquiert,

1° *Ex re possessoris seu fructuarii*; *puta*, s'il a placé l'argent de l'usufruiter, ou si avec cet argent il a fait des acquisitions ;

2° *Ex operis*; Les travaux, les services de l'esclave, sont censés des fruits qui appartiennent en conséquence à l'usufruiter, ou au possesseur de bonne foi;

Mais si l'esclave a reçu un legs, ou s'il a été institué héritier, la succession ou le legs sont acquis au seul propriétaire; § 4 de ce titre, à moins qu'il ne paroisse que c'est en vue de l'usufruiter ou possesseur, que la disposition a eu lieu. *L.* 22, *ff de Usuf.*

Toutes ces dispositions sont applicables au cas où un homme libre est possédé de bonne foi comme esclave.

D. Mais qu'arrive t-il, lorsqu'un esclave appartient à plusieurs maîtres?

R. Il acquiert à ses maîtres, à raison de la part que chacun d'eux a dans la propriété de l'esclave. Si cependant il a stipulé nominativement pour l'un deux, ou s'il n'a reçu d'ordre que d'un seul, il acquiert pour celui-là seul, qui a donné l'ordre, ou qu'il a spécialement désigné. Il en est de même, si la chose ne peut être acquise qu'à l'un des maîtres §. 3. inf. *de stip. Servorum et* § 3. *inf. per quas pers. nobis oblig. acq.*

D. Peut-on acquérir par une personne étrangère?

R. Pour décider si l'on peut acquérir par une personne qu'on n'a pas en sa puissance, il faut distinguer: s'il s'agit d'une obligation, l'on ne peut l'acquérir sauf ce qui sera dit, dans la deuxième partie de cet ouvrage au titre vingt du troisième livre *de inutilibus stipulationibus*; mais s'il s'agit de la possession d'une chose, nous pouvons l'acquérir par une personne étrangère, comme par notre procureur, auquel la chose a été livrée en notre nom. Nous devenons donc par là propriétaires, si celui qui a livré la chose, l'était lui-même; ou nous acquérons le droit de prescrire, s'il ne l'était pas; avec cette différence néanmoins que, dans le premier cas, nous acquérons la propriété, du moment de la tradition, et même sans le savoir; au lieu que dans le second, nous ne prescrivons que du moment où nous avons eu connaissance de la tradition. L. 47. ff. de usurp. et usucap.

D. Quel est le motif de cette distinction?

R. C'est que la bonne foi est nécessaire pour l'usucapion; or, on ne peut dire qu'on est possesseur de bonne foi, si l'on ne sait que l'on possède.

Il en est de même dans le droit français, pour ce qui concerne la prescription de dix ou vingt ans.

FIN DU PREMIER EXAMEN SUR LE DROIT ROMAIN.

Le deuxième Examen sur le *Droit Romain*, paraîtra incessamment, et coûtera comme le premier, 2 fr. 75 c.

IMPRIMERIE DE BÉTHUNE.